文库 吉

丛书主编

郑 毅

吉林纪略·二
吉林汇征

郭熙楞 著

杨立新 整理

吉林文史出版社

《长白文库》总序

中华优秀传统文化是中华民族的"根"和"魂",习近平总书记高度重视中华优秀传统文化,并将其作为治国理政的重要思想文化资源。"不忘本来才能开辟未来,善于继承才能更好创新。""优秀传统文化是一个国家、一个民族传承和发展的根本,如果丢掉了,就割断了精神命脉。"中华优秀传统文化具有多样性和地域性等特征,东北地域文化是多元一体的中华文化中的重要组成部分。吉林省地处东北地区中部,是中华民族世代生存融合的重要地区,素有"白山松水"之美誉,肃慎、扶余、东胡、高句丽、契丹、女真、汉族、满族、蒙古族等诸多族群自古繁衍生息于此,创造出多种极具地域特征的绚烂多姿的地方文化。为了"弘扬地方文化,开发乡邦文献",自20世纪80年代起,原吉林师范学院李澍田先生积极响应陈云同志倡导古籍整理的号召,应东北地区方志编修之急,服务于东北地方史研究的热潮,遍访国内百余家图书馆寻书求籍,审慎筛选具有代表性的著述文典300余种,编撰校订出版以《长白丛书》(以下简称《丛书》)为名的大型东北地方文献丛书,迄今已近 40 载。历经李澍田先生、刁书仁和郑毅两位教授三任丛书主编，数十位古籍所前辈和同人青灯黄卷、兀兀穷年，诸多省内外专家学者的鼎力支持，《丛书》迄今已共计整理出版了 110 部 5000 余万字。《丛书》以"长白"为名，"在清代中叶以来，吉林省疆域迭有变迁，而长白山钟灵毓秀，蔚然耸立，为吉林名山，从历史上看，不咸山于《山海经·大荒北经》中也有明确记录，把长白山当作吉林的象征，这是合情合理的。"（《长白丛书》初版陈连庆先生序）

1983 年吉林师范学院古籍研究所（室）成立，作为吉林省古籍整理与研究协作组常设机构和丛书的编务机构，李澍田先生出任所长。全国高校古籍整理工作委员会、吉林省教委和省财政厅都给予了该项目一定的支持。李澍田先生是《丛书》的创始人，他的学术生涯就是《丛书》的创业史。《丛书》能够在国内外学界有如此大的影响力，与李澍田先生的敬业精神和艰辛努力是分不开的。《丛书》创办之始，李澍田先生"邀集吉、长各地的中青年同志，乃至吉林的一些老同志，群策群力，分工合作"（初版陈序），寻访底本，夙兴夜寐逐字校勘，联络印刷单位、寻找合作方，因经常有生僻古字，先生不得不亲自到车间与排版工人拼字铸模；吉林文史出版社于永玉先生作为《丛书》的第一任责编，殚精竭虑地付出了很多努力，为《丛书》的完成出版做出了突出贡献；原古籍所衣兴国等诸位前辈同人在辅助李澍田先生编印《丛书》的过程中，一道解决了遇到的诸多问题、排除了诸多困难，是《丛书》草创时期的重要参与者。《丛书》自 20 世纪 80 年代出版发行以来，经历了铅字排版印刷、激光照排印刷、数字化出版等多个时期，《丛书》本身也称得上是改革开放以来中国印刷史的见证。由于《丛书》不同卷册在出版发行的不同历史时期，投入的人力、财力受当时的条件所限，每一种图书的质量都不同程度留有遗憾，且印数多则千册、少则数百册，历经数十年的流布与交换，有些图书可谓一册难求。

1994年，李澍田先生年逾花甲，功成身退，由刁书仁教授继任《丛书》主编。刁书仁教授"萧规曹随"，延续了《丛书》的出版生命，在经费拮据、古籍整理热潮消退、社会关注度降低的情况下，多方呼吁，破解困局，使得《丛书》得以继续出版，文化品牌得以保存，其功不可没。1999年原吉林师范学院、吉林医学院、吉林林学院和吉林电气化高等专科学校合并组建为北华大学，首任校长于庚蒲教授力主保留古籍所作为北华大学处级建制科研单位，使得《丛书》的学术研究成果得以延续保存。依托北华大学古籍所发展形成的专门史学科被学校确定为四个重点建设学科之一，在东北边疆史地研究、东北民族史研究方面形成了北华大学的特色与优势。

2002年，刁书仁教授调至扬州大学工作，笔者当时正担任北华大学图书馆馆长，在北华大学的委托和古籍所同人的希冀下，本人兼任古籍所所长、《丛书》主编。在北华大学的鼎力支持下，为了适应新时期形势的发展，出于拓展古籍研究所研究领域、繁荣学术文化、有利于学术交流以及人才培养工作的实际需要，原古籍研究所改建为东亚历史与文献研究中心，在保持原古籍整理与研究的学术专长的同时，中心将学术研究的视野和交流渠道拓展至东亚地域范围。同时，为努力保持《丛书》的出版规模，我们以出文献精品、重学术研究成果为工作方针，确保《丛书》学术研究成果的传承与延续。

在全方位、深层次挖掘和研究的基础上，整套《丛书》整理与研究成果斐然。《丛书》分为文献整理与东亚文化研究两大系列，内容包括史料、方志、档案、人物、诗词、满学、农学、边疆、民俗、金石、地理、专题论集 12 个子系列。《丛书》问世后得到学术界和出版界的好评,《丛书》初集中的《吉林通志》于 1987 年荣获全国古籍出版奖,三集中的《东三省政略》于 1992 年获国家新闻出版总署全国古籍整理图书奖,是当年全国地方文献中唯一获奖的图书。同年,在吉林省第二届社会科学成果评奖中,全套丛书获优秀成果二等奖,并被国家新闻出版总署列为"八五"计划重点图书。1995 年《中国东北通史》获吉林省第三届社会科学优秀成果二等奖。2005 年,《同文汇考中朝史料》获北方十五省(市、区)哲学社会科学优秀图书奖。

《丛书》的出版在社会各界引起很大反响,与当时广东出现的以岭南文献为主的《岭南丛书》并称国内两大地方文献丛书,有"北有长白,南有岭南"之誉。吉林大学金景芳教授认为"编辑《长白丛书》的贡献很大,从《辽海丛书》到《长白丛书》都证明东北并非没有文化"。著名明史学者、东北师范大学李洵教授认为:"《长白丛书》把现在已经很难得的东西整理出来,说明东北文化有很高的水准,所以丛书的意义不只在于出了几本书,更在于开发了东北的文化,这是很有意义的,现在不能再说东北没有文化了。"美国学者杜赞奇认为"以往有关东北方面的材料,利用日文资料很多。而现在中文的《长白丛书》则很有利于提高中国东北史的研究"(《长白丛书》出版十周年纪念会上的发言)。中国社会科学院边疆史地研究中心主任厉声研究员认为:"《长白丛书》已经成为一个品牌,与西北研究同列全国之首。"(1999 年 12 月在《长白丛书》工作规划会议上的发言)目前,《长白丛书》已被收藏于日本、俄罗斯、美国、德国、英国、加拿大、澳大利亚、韩国及东南亚各国多所学府和研究机构,并深受海内外史学研究者的关注。

为了更好地传承和弘扬优秀地域文化,再现《丛书》在"面向吉林,服务桑梓"方面的传统与特色，2010 年前后，我与时任吉林文史出版社社长的徐潜先生就曾多次动议启动出版《长白丛书精品集》，并做了相应的前期准备工作，后因出版资助经费落实有困难而一再拖延。2020年，以十年前的动议与前期工作为基础，在吉林省省级文化发展专项资金的资助下，北华大学东亚历史与文献研究中心与吉林文史出版社共同议定以《长白丛书》为文献基础，从《丛书》已出版的图书中优选数十种具有代表性的文献图书和研究著述合编为《长白文库》加以出版。

《长白文库》是在新的历史发展时期对《长白丛书》的一种文化传承和创新，《长白丛书》仍将以推出地方文化精华和学术研究精品为目标，延续东北地域文化的文脉。

《长白文库》以《长白丛书》刊印 40 年来广受社会各界关注的地方文化图书为入选标准，第一期选择约 30 部反映吉林地域传统文化精华的图书，充分展现白山松水孕育的地域传统文化之风貌，为当代传统文化传承提供丰厚的文化滋养，是一件功在当代、利在千秋的文化盛举。

盛世兴文，文以载道。保存和延续优秀传统文化的文脉，是人文社会科学研究者的社会责任和学术使命，《长白丛书》在创立之时，就得到省内外多所高校诸多学界前辈的关注和提携，"开发乡邦文献，弘扬地方文化"成为 20 世纪 80 年代一批志同道合的老一辈学者的共同奋斗目标，没有他们当初的默默耕耘和艰辛努力，就没有今天《长白丛书》这样一个存续 40 年的地方文化品牌的荣耀。"独行快，众行远"，这次在组建《长白文库》编委会的过程中，受邀的各位学者都表达了对这项工作的肯定和支持，慨然应允出任编委会委员，并对《长白文库》的编辑工作提出了诸多真知灼见，这是学界同道对《丛书》多年情感的流露，也是对即将问世的《长白文库》的期许。

感谢原吉林师范学院、现北华大学 40 年来对《丛书》的投入与支持，感谢吉林文史出版社历届领导的精诚合作，感谢学界同人对《丛书》的关心与帮助！

郑　毅

谨序于北华大学东亚历史与文献研究中心

2020 年 7 月 1 日

《长白丛书》序

吉林师范学院李澍田同志，悉心钻研历史，关心乡邦文献，于教学之余，搜罗有关吉林的书刊，上自古代，下迄辛亥，编为《长白丛书》，征序于予，辞不获命。爰缀予所知者书于简端曰：

昔孔子有言："夏礼吾能言之，杞不足征也。殷礼吾能言之，宋不足征也。文献不足故也，足则吾能征之矣。"说者以为："文，典籍也。献，贤也。"这是因为文献与历史研究相辅相成，缺乏必要的文献，历史研究便无从措手。古代文献，如十三经、二十四史之属，久已风行海内外，家传户诵，不虞其失坠，而近代文献往往不易保存。清代学者章学诚对此曾大声疾呼，希望唤起人们的注意，于其名著《文史通义》中曾详言之。然而，保存文献并不如想象那么容易。贵远贱近，习俗移人，不以为意，随手散弃者有之。保管不善，毁于水火，遭老鼠批判者有之。而最大损失仍与政治原因有关。自清朝末叶以来，吉林困厄极矣，强邻环伺，国土日蹙，先有日、俄帝国主义战争，继有军阀割据，九一八事变后，又有敌伪十四年统治，国土沦陷，生民憔悴。在政权更迭之际，人民或不免于屠刀，图书文物更随时有遭毁弃和掠夺的命运。时至今日，清代文书档案几如凤毛麟角，九一八事变以前书刊也极为罕见。大抵有关抨击时政者最先毁弃，有关时事者则几无孑遗。欲求民国以来一份完整无缺的地方报纸已不可能，遑论其他。

中华人民共和国成立以来，百废俱兴，文教事业空前发展。而中经十年内乱，公私图书蒙受极大损失，断简残篇难以拾掇。吉林市旧家藏书，"文革"期间遭到洗劫，损失尤重。粉碎"四人帮"后，祖国复兴，文运欣欣向荣，在拨乱反正的号召下，由陈云同志倡导，大张旗鼓，整理古籍，一反民族虚无主义积习，尊重祖国悠久文化传统，为振兴中华，提供历史借鉴。值此大好时机，李澍田同志以一片爱国爱乡的赤子之心，广泛搜求有关吉林文史图书，不辞劳苦，历访东北各图书馆，并远走京沪各地，仆仆风尘，调查访问，即书而求人，因人而求书，在短短几年时间里，得书逾千，经过仔细筛选，择其有代表性者三百种，编为《长白丛书》。盖清代中叶以来，吉林省疆域迭有变迁，而长白山钟灵毓秀，巍然耸立，为吉林名山，从历史上看，不咸山于《山海经·大荒北经》中也有明确记录，把长白山当作吉林的象征，这是合情合理的。

丛书中所收著作，以清人作品为最多，范围极其广泛，自史书、方志、游记、档案、家谱以下，又有各家别集、总集之属。为网罗散佚，在宋、辽、金以迄明代的著作之外，又以文献征存、史志辑佚、金石碑传补其不足，取精用宏，包罗万象，可以说是吉林文献的总汇。对于保存文献，具有重大贡献。

回忆酝酿编余之际，李澍田同志奔走呼号，独力支撑，在无人、无钱的条件下，邀集吉长各地的中青年同志，乃至吉林的一些老同志，群策群力，分工合作，众志成城，大业克举。在整理文献的过程中，摸索出一套先进经验，培养出一支坚强队伍。这也是有志者事竟成的一个范例。

我与李澍田同志相处有年，编订此书之际，澍田同志虚怀若谷，对于书刊的搜求、目录的选定，多次征求意见。今当是书即将问世之际，深喜乡邦文献可以不再失坠，故敢借此机会聊述所怀。殷切希望读此书者，要从祖国的悲惨往事中，培养爱祖国、爱乡土的心情，激发斗志，为"四化"多作贡献。也殷切希望读此书者能够体会到保存文献之不易，使焚琴煮鹤的蠢事不要重演。

当然，有关吉林的文献并不仅以汉文书刊为限，在清代一朝就有大量的满、蒙文的档案和图书，外又有俄、日、英、美各国的档案和专著，如能组织人力，有计划、有步骤地进行整理，提要钩玄勒成专著，先整理一部分，然后逐渐扩大，这也是不朽的盛业，李君其有意乎？

吉林　陈连庆　谨序

一九八六年五月一日

旧版前言

在"开发乡邦文献,弘扬地方文化"的旗号下,吉林师范学院古籍研究所以"长白丛书"为载体,坚持进行东北地方文献的整理研究工作。十年来"丛书"形成整理与研究两大系列,下分通史、辞书、农学、满学、民俗、史志、档案、金石、诗词、人物、边疆,以及东北亚等二十个子系列,总达 2500 万字。

吉林是"长白丛书"的根,也是我们倡导的"长白文化"的源。历年来,我们以"面向吉林,服务桑梓"为宗旨,努力开发乡邦文献,前此已出:《吉林志书》《吉林外纪》《吉林志略》《吉林通志》《吉林新志》《吉林公署政书》《吉林乡土志》《吉林地志》《鸡林旧闻录》《吉林盐政》《永吉县志》《打牲乌拉志典全书》《打牲乌拉乡土志》《永吉县乡土资料》《乌拉史略》《扈伦研究》《吉林满俗研究》《吉林纪事诗》《吉林杂咏》《鸡塞集》《松江修暇集》《吉林三杰(成多禄、宋小濂、徐鼐霖)集》《吉林农业档案》《吉林金碑》《松漠纪闻》《东巡日录》《西团山文化研究》等三十余种古籍或专著,旁及涵盖全东北的政书、通史、辞书、画册、资料、著作,已出书六十六部。以"长白丛书"百部目标衡之,目下已成书三分之二。

本书即为"长白丛书"史志系列之一,本编采辑吉林史地名著十种。地范仍以旧吉林省界为域,上起清代康熙中叶,下迄民国二十年。至此,可谓传世的吉林文献业已包览无遗。统而言之,前此所出相关诸书乃九一八事变前吉林全书之集成。今后,我们开发乡邦文献的系统工程,将深入发掘吉林将军衙门档案及民国吉林公署档案，撰写《吉林通史简编》《吉林诗词集粹》《吉林名人传记》等专著，兼及东北与东北亚对吉林的记述，预计二千年定可藏事。

鉴古知今，古为今用，我们还将涉足于吉林地情、吉林文化的研究领域，为弘扬地方文化，建设乡土文明竭尽绵薄。

本编十种，大别有三，兹分述之。

一为清代吉林史地杂著

《柳边纪略》五卷，清人杨宾撰。宾字可师，号大瓢山人，又号耕夫、小铁，浙江山阴（今绍兴）人。生于清顺治七年（1650），卒于康熙五十九年（1720）。作者十三岁时，其父杨越以浙东通海案遣戍宁古塔；当四十岁（康熙二十八年），万里冰霜出塞省亲，盘桓三月。四年后，其父亡于戍所。杨氏奔走呼号凡四百五十五天，获准迎母奉父柩归里。"回念耳目所闻见，有宜书者"，乃撰纪略，终于康熙四十六年正月定稿付梓。"其书网罗巨细，足以订史书之谬，而补版图之缺。"

《柳略》有康熙刻本、木犀轩藏清抄本、道光间刊昭代丛书本、光绪间刊仰视千七百二十九鹤斋丛书本、小方壶斋舆地丛抄本、民国间商务印书馆铅印丛书集成初编本，以及辽海丛书本，近有 1985 年黑龙江人民社出版龙江三纪本。本次所出以鹤斋丛书为底本，参以昭代丛书本、小方壶本及全辽备考本。订讹补遗，择善而从，不出校记，并补充作者自序。

另者，莆田林佶之全辽备考，系钞录柳略，窜易前后，冠以篇目。本编为清眉目，据以补加要目。

《宁古塔纪略》一卷，清人吴桭臣撰，桭臣字南荣，小字苏还，江苏吴江人，清康熙三年（1664）生于宁古塔。其父吴兆骞（字汉槎），以南闱科场冤案流放宁古塔二十三载，后获友人营救，得以赎还。作者自述：

"余生长边陲，入关之岁，已为成人。其中风土人情，山川名胜，悉皆谙习，颇能记忆。"吴氏据亲历目击撰成此著。《四库全书总目》有云："白山黑水之间，古来舆记，大抵得诸传闻。即近时修志乘者，秉笔之人亦未必亲至其地。"本书以当时人记当地事，难能可贵，具有极大的史料价值。

该书版本，有清道光十年长沙顾氏刊赐砚堂丛书新编（丙集）本，道光间刊吴江沈氏世楷堂刻昭代丛书本，道光二十三年琴川郑氏青玉山房刊舟车所至本，北图藏清抄本，光绪六年南清河王氏排印小方壶斋丛抄（卷三）本，光绪十七年上海著易堂铅印小方壶斋舆地丛抄本第一帙，光绪十八年顺德龙氏刻知服斋丛书本第二集，光绪间元和胡氏石印渐学庐丛书本第一集，光绪中桐庐袁氏刊渐西村舍汇刻本，光绪二十九年金匮浦氏刻皇朝藩属舆地丛书本第二集，民国间上海商务印书馆排印丛书集成初编本，凡十一种。本编采用刊刻较早的昭代丛书为底本，以渐西村舍丛刊本、知服斋丛书诸本参校互补，增加附记及序跋，渐西村舍丛刊本眉注附后。

《绝域纪略》一卷，方拱乾著。拱乾初名若策，字肃之，号坦庵，又号云麓老人，赦归后又号苏庵，安徽桐城人，生于明万历二十四年（1596），清顺治十四年，亦以丁酉科场案率全家数十口流徙宁古塔。十八年赎还，流寓扬州。康熙元年七月，据其宁古塔近千天见闻，于荷阴客舍写成本书。

本书又作《宁古塔志》，凡七目：流传、天时、土地、宫室、树畜、风俗、饮食。文简意深，弥足珍贵。

今从道光间吴江沈氏世楷堂刻昭代丛书本，参以同朝金山钱氏刻指海本整理复刊。

《吉林舆地说略》，上海图书馆所藏稿本，撰人不详，后记成于同治四年四月十五日，孤本为贵，特从附载。

按吉林舆地之书，世传枝江曹廷杰光绪中三大名著。光绪二十四年（1898），又有杨伯馨（同桂）、秦世铨（曙村）所辑之吉林舆地略二卷以及吉林舆地图说二册，此与光绪二十八年之吉林分巡道造送会典馆、国史馆清册大同小异。又与吉林通志之沿革志及舆地志有详略之别。秦序云："吉林舆地略二卷，将军咨送会典馆者也。原稿分门列表，如沿革疆域、天度、山镇、水道、乡镇、职官、驿站，条析类系，考核精确，有俾舆地，盖不必读通志全书而边徼形势如在目前矣。"本编所收，盖在其前，益形宝贵，足资考镜。

《吉林纪略》，江苏武进马冠群著;《吉林形势》，浙江义乌朱一新著，均从光绪间王锡祺所辑小方壶斋舆地丛抄，载再补编第一帙。前书列乌喇、建置、长白山及诸山、诸水、库页岛、宁古塔城、完达山、小白山、吉林峰、德林石、松花江、土门江、虎尔哈部诸目。后书专论中俄交界及交涉之危迫形势。纸短意深，合计不逾万言。

二为民国时代的吉林舆地专书

《吉林汇征》二卷七章，合肥郭熙楞撰。郭君字伽园，居官吉林，公余之暇，搜集遗文，征求细说，民国三年掇为一集，凡疆域沿革、山川支派、官兵设制、种族、风俗、金石靡不具备，于国界、国防尤为着意，并附录舆地杂志，考证精核。民国六年（1917）印行，151页，约六万五千字。

《大中华吉林省地理志》二十二篇百六十章，林传甲初纂，编者字奎腾，福建闽侯人。书成于民国十年十二月十日，吉林省教育厅编辑，吉东印刷社印刷。

林子职掌龙沙教育十年，南归京师任大中华地理志总纂。民国七年七月七日，吉林省教育会长王伯康约林游吉，倡编吉林志。八年八月八日，吉林一师吴宪之校长复邀来吉，十年十月十日，脱稿。

该书博收约取，信而有征，采辑调查，务求翔实，"体例适而文失于略"。

《增订吉林地理纪要》上下二卷，武进魏声和撰，民国二十年（1931）吉东印刷社铅印。线装二册，160页，约四万字。

魏君劭卿，曾侍曹廷杰讲席，尝任吉长报社撰述，夙研东北地理，究心掌故。民国二年尝撰《吉林地志》及《鸡林旧闻录》二书，民国七年曾成《吉林地理纪要》一书。自知前著未洽，复加搜讨记述，辑录时贤高论，掇拾官署档案，引用名家之言，芟易芜杂，精加考核，上卷全为新著，下卷录存前稿十之四五。虽曰增订，不啻创编。

是书首列全省总图、山脉、水道、国界、交通，合为上卷，下卷于记载各县沿革形要之后，别为附录，内述山川、古迹，旁及国际要闻，今日虽时过境迁，然于研习吉省地理自有其不朽的价值。

附载《查办吉林事件案》系上海图书馆藏抄本，为盛京将军崇琦光绪九年奉命查办吉林将军铭安等官贪赃枉法的案档。从一个侧面反映清代吉林政界的腐败，以其首次面世而显珍贵，足资证史。

此番整理一仍"长白丛书"校点通例，以从简化一为则，一律不注。化繁为简，汰异易正，错讹衍夺，订正径改；诸版异同，盖加补订，求全责备；通用不一文字，一仍其旧，并酌加目录，以便检索。

编　者

1994年春节

自　序

仆生长蓬庐，早失乾荫，深怀无告，孤愤幽居，备平子之四愁，甚梁鸿之五噫，长卿卖赋，渴病滋深，方朔为郎，饥愁欲死，依刘无计，徒凄怆以登楼，荐范何人，独旁皇歧路。于是抱琵琶而出塞，束发从军，听觱篥于胡天，柔肠结毂，时则喧笳动地，填鼓惊天，碛走沙黄，峰回霜紫，落日照大旗之色，塞马嘶风，荒城鸣戍鼓之声，征鸿叫月。每于木叶山前，莲花幕里，盾磨余沈，独刻闲阴，则尝准析木，考不咸，远溯乎肃慎通贡之初，下迄于玄菟置郡之后。盖以三垣考曜，上应箕尾之墟，九野分疆，古号挹娄之国。黑水中分于枬地，天余界接乎掩涕。七部之域，魏隋殊名，五京之称，辽金异壤。单单大岭，而太皇、盖马、长白异其称，森森三江，而松花、图们、鸭绿别其派。碉盘十道，郁栖陵鸟多荒，穴接九梯，楚棘蚕丛甫辟，崆峒人武，大祚荣称雄于忽汗河东，禺吾天骄，铁骨打得胜于拉林江上。至若俗同蒙段，地号大荒，金铃繁腰，苏苏膜拜，铜环贯耳，牙牙曼歌，侏傫昧于语言，狂獉成其风俗，刀耕火种，未颁条教之书，凿齿雕踶，不改羌戎之习，环象寥隔，文轨羁迟，则当授《齐民要术》以训农法，《周礼》党庠以教士。又若铁道霆驰，金瓯荡骇，内侵蟊贼，外逼犬戎，防秋之策多疏，铜柱之标尽失，甘松互市，方恃赤岭为长城，回纥请盟，竟弃维州为瓯脱，食肉之俦虑何能远，卧榻之下睡岂容鼾。则当置戊巳之边防，增庚戍之土断，效李悝尽地力之智，用赵过能代田之名。他如五行百产，实藏精英，玉韫珠辉，山川明媚，梗楠杞梓，耸秀乎困球，琳琅玗贡，输于天府。研地质，则古禽埋骨藉诠鹏凤于说文，标物本，则奇兽留皮克辨麣貔于尔疋，此又白皁莫能测其奇，山经莫能穷其类也。今者，故宫荆棘已殁，铜驼两成山河，难关铁牡撑，犁自号强胡，自恃荒骄，冒顿不庭，背汉妄思狡逞，望风云于沙漠，思将帅于鼓鼙，小丑尚存，英雄为之髀拊，匈奴未灭，男儿何以家为。用是搜集遗文，征求旧说，缀为一集，名曰《吉林汇徵》。无臧旻数对之才，愧张华风物之志，自知覆瓿，聊备采辑。嗟乎万里投荒，抱蛮府参军之恨，三年羁迹，历鸢溪毒站之乡，冷炙偏饶，劳薪未息，汇次翁之供母，依旧行庸，阮步兵之途穷，于今知命，慨其叹矣，谓之何哉。摩崖燕笔，试请待乎他年，润色鸿文，幸以俟诸君子。

民国三年十月合肥伽园氏郭熙楞自识于依兰官廨

序

吉林为古肃慎之国，由汉迄今，郡国部落错杂其间。《唐书·白居易传》：鸡林贾人求其诗云，其国宰相以一金易一篇，是为称鸡林之始，满洲语乌拉吉林四字连称。乌拉谓江，吉林谓沿，其仅曰吉林，从汉文而省也。然则吉林、鸡林亦取其声音相近云尔，岂有他哉。顾其山则有长白、兴安诸岭，蜿蜒迤逦，不亚五岳之雄奇也。其水则有松花、混同、鸭绿、乌苏里诸江，浩瀚汪洋，不亚三江之明秀也。且林矿土田，鸟兽鱼虫，宝石珍珠，嘉禾良药，山珍海错，美备精良，不亚九州之华实也。然数千百年地利不尽辟，人烟不加密，浑浑噩噩，朴陋如太古。望古城废垒，以及耕陇旧迹，又时流露于蔓草荒烟，岂辽金以还，盛而复衰与，抑筚路蓝缕，山林犹待启与，不禁唏嘘凭吊者久之。欲求之记载，非独文献无征，即觅一竹枝辞亦不可得。盖清初闭关自守，愚昧其民，以读书力田为厉禁，不以教育为事，又常有文字之狱，故记载寥寥。及季世，日俄逼处，幡然变计，改行省，置郡县，设民官，讲求新政，纲举目张，虽日有进步，顿改旧观，而桑榆收效已失之晚，吁可慨已。合肥郭君伽园，博雅君子，从事吉林公余之暇，博收约取，著有《吉林汇征》二卷，凡疆域沿革，山川支派，官兵之编制，人物种类风俗，旁及金石，靡不具备，于国界国防尤为留意。所论前清俄约三次之失，蹙地数千里，每慨乎言之，更以失去海参崴，我无海口根据地为可惜。又中国与韩勘图们江界未定，其后虽"间岛"争回，而咸丰十年天津俄约所云，海中间之岭至图们江口，其东属俄，其西属中国者，计俄里二十有五，尚无着落。查中韩勘界，原有土们江西南属朝鲜，东北属中国之语。土们即图们，其间应有归中国海口之地，今韩已并于日，无论何时，我若与俄修约，皆应按照原约据理力争，以为出海之一线，而不可稍形退让，一误再误，致塞咽喉。虽然，航路固不可缓，铁路亦所当急。光绪中叶，俄日东清、南北满铁路纵横入我疆界，门户洞开，藩篱尽撤，一旦疆场有事，运兵运饷，人通而我塞，此坐困之道也。我惟有吉长铁路二百六十余里，庸有济乎。亟宜立限展长，使依密延宁一带，处处修成，衔接一气，或由奉直达京津，或由奉旁击滦河，或由黑远绕张库，四通八达，制人而不受制于人。而电线之安设亦如之。至于练兵、兴学、广屯垦、课工艺，生聚教养，为民国实边，而不同于前清之因循敷衍者，又不待言矣。语曰：前车覆，后车鉴。又曰亡羊补牢，未为晚也。有心时局者，当不河汉斯言。迴忆宣统庚戌，余始至吉林，有《吉林纪事诗》之作，颇费搜罗，今郭君之著是编，更征声气应求同一，未忘结习。但白山黑水共客边庭，时阅三秋，风景不殊，举目有河山之异，信乎王气不足恃，而人才之大可贵也。后之览者其亦有感于中，发政治思想而进筹边一策乎。

民国二年五月十六日豫章沈兆禔序于依兰

序

地志之书之以简核胜者，厥惟明康氏之《武功县志》，韩氏之《朝邑志》，包括巨细，义例分明，后世郡邑官书竟相祖述而莫之或及。其私人著述，繁博而不失之冗滥者，《太平寰宇记》最为赅洽，而范成大《桂海虞衡志》，典赡详核，尤为杰构，明邝氏露游广西撰《赤雅》三卷，叙述简雅，论者谓与范志相颉颃。盖文人学士寄迹异地，流连景物，俯仰今古，征文考献，纪述异同，其关于掌故者至伟，岂仅记道里之所出，与夫风云月露之啸歌云尔哉。合肥郭子伽园，宿学之士也，所辑《吉林汇征》一书，实兼有范、邝二氏之长，受读既竟，辄粗序古今舆记之书之得失于此。

丙辰中伏日王彭识

目　录

凡　例

一、舆地之学自古为难，矧吉林属在荒徼，郡县建置，随时变更，地点沿革，古无载籍，未易确定。是编引征历史，于郡县析置互相诠证，得以知地舆之沿革焉。

一、吉林郡县设治，在清光绪初年，仅有数属，自改建行省，次第设治，府厅州县增至三十余处。然各属命，有源于历史者，有沿用满语者，故于行政区域各县建置年月之中，并述地理、历史、满语土名以志源流。

一、政治一门仅列职官、兵政、外交三项，历记官制沿革、军政施设，以及日俄交涉，将以稽旧章，考新政，观政治之得失，供后来之参考，若教育、垦务、实业各要政，尚待进行之际，姑从阙焉。

一、种族、风俗皆关于政治之进化。是编所述，或采取前人杂说，或得之口耳讯问，以及各局调查与官署之报告，汇集编成，以俟他日采风者有所征焉。

一、是编取材史事，旁征旧说，如《柳边纪略》《宁古塔纪略》《东北边防辑要》《吉林地志》《鸡林旧闻录》、通志、政书、公私报章，皆分别采择以取翔实。

一、地舆、人物、金石各类，间有搜辑一二，未能成帙，然又不忍割爱，故附录于后，以俟大雅君子教之。

第一章　沿　革

第一节　唐虞及周秦

吉林为古东方之国，其见于史册者，虞为息慎，夏商周为肃慎，亦曰稷慎。《史记·五帝本纪》："至于荒服，北山戎、发、息慎，咸戴帝舜之功。"《竹书纪年》载："帝舜二十五年，肃慎来朝，献弓矢。"《书序》云："成王既伐东夷，肃慎来贺。"《左传·昭公九年》："肃慎、燕、亳，吾北土也。"《山海经》云："大荒之中，有山名不咸，有肃慎之国。"

按：肃慎、稷慎，实皆一国。郭璞注《山海经》谓："去辽东三千余里，今名为挹娄国。"杜预《左传注》："肃慎北夷，在玄菟北三千余里。"晋之辽东为今之辽阳州，玄菟在辽东东北，则自辽东以至北海，统名曰肃慎也。

第二节　两汉及三国

汉武帝元封三年，灭朝鲜，分置乐浪、玄菟、临屯、真番四郡，至昭帝始元五年，罢临屯、真番，以并乐浪、玄菟徙居高句骊。自单单大岭以东，沃沮、涉貊悉属乐浪，后以境土广远，复分岭东七县，置乐浪东部都尉。《后汉书·东夷传》："夫余国在玄菟北千里，南与高句骊，东与挹娄，西与鲜卑接，北有弱水，地方二千里，本涉地也。"《三国志·东夷传》：夫余在长城之北，本属玄菟，汉末公孙度雄张海东，夫余王尉仇台更属辽东。时句骊、鲜卑强，夫余介二虏之间。又《后汉书·东夷传》："挹娄，古肃慎之国也。在夫余东北千余里，东滨大海，南与北沃沮接，不知其北所极。"又"东沃沮，在高句骊盖马大山之东，东滨大海，北与挹娄、夫余，南与涉貊接。其地东西狭，南北长，可折方千里。""一名置沟娄，去南沃沮八百余里。"又高句骊，本出于夫余，其国"在辽东之东千里，南与朝鲜、涉貊，东与沃沮，北与夫余接，地方二千里"。

　　按：玄菟郡武帝元封四年间属幽州，县三，有高句骊、上殷台、西盖马等语。又据《后汉书·东夷传》："沃沮，在高句骊盖马大山之东。"盖马山即盖马县境之山，今之长白山也。山以南为盖马县，北为上殷台、高句丽，为辽水所出，即今伊通境，见陈澧《东塾集》。则今之吉林府伊通、磐石皆玄菟郡属也。山以东为岭东七县。汉灭朝鲜，遂并降沃沮、涉貊，属乐浪。乐浪为七县，统部兼有图们江南北之地。是夫余在玄菟北千里，别为一部。高句骊王墓碑有东夫余、北夫余，以四至地界考之，则高句骊以北挹娄以西，当在今长春伯都讷地。挹娄，在夫余东北千余里，则长白山以东，由宁古塔至混同江。所谓北沃沮，不知其北所极是也。沃沮有二，有南沃沮、北沃沮。单单大岭，即今之长白山。武帝灭朝鲜，以沃沮地为玄菟郡，后为夷貊所侵，徙郡于高句骊西北，更以沃沮为县，属乐浪东部都尉。光武罢都尉官后，皆以封其渠帅为沃沮侯，则由图们江北以及今之咸镜道等处，皆南沃沮也。北沃沮，一名置沟娄，当即乌稽、珲春以北，尽海滨诸地。凡林木丛杂人马难行之处，皆称乌稽，亦曰阿集。两汉之沃沮，南北朝之勿吉，隋唐之靺鞨，皆指此也。以当时四至考之，则吉林东南为乐浪、沃沮，西南为玄菟，东北为挹娄，西北为夫余也。

第三节　两晋及南北朝至隋

　　晋太康六年，夫余为慕容廆所袭破，其王依虑自杀，子弟走保沃沮。七年，夫余王依罗遣诣何龛，求率见。人还，复旧国，仍请援。龛上，晋遣贾沈与廆战，廆败，罗得复国。又《东夷传》：肃慎氏，一名挹娄，在不咸山北，去夫余可六十日行，东滨大海，西接寇漫汗国，北极弱水，其土界广袤数千里，居深山穷谷，其路险阻，车马不通。《北史·勿吉传》：勿吉在高句骊北，一曰靺鞨，其部凡七，一粟末部，二伯咄部，三安车骨部，四拂涅部，五号室部，六黑水部，七白山部。《魏书·勿吉传》：勿吉国在高句骊北，旧肃慎国也。国有大水阔三里余，名速末水。国南有徒太山，魏言太白。其傍有大莫庐国、覆钟国、莫多回国、库娄国、素和国、具弗伏国、匹黎尔国、拔大何国、郁羽陵国、库伏真国、鲁娄国、羽真侯国。又《豆莫娄传》：豆莫娄国，在勿吉国北千里，去洛阳六千里，旧北扶余也。在室韦之东，东至于海，方二千里。《新唐书·北狄传》："达末娄，自言北扶余之裔，高丽灭其国，遗人渡那河因居之。或云他漏河东北流入黑水。《隋书·靺鞨传》：靺鞨，在高丽之北，邑落各有酋长，不相总一。凡有七种，即古肃慎氏也。所居多依山水，东夷中为强国。有徒太山者，俗甚敬畏。其国西北与契丹相接，与隋悬隔，惟粟末白山为近。隋开皇中，粟末靺鞨与高丽战，不胜，厥稽部长塔济率八部，胜兵数千人，自夫余城西北举落内附。大业八年，诏左十二军出盖马、南苏、玄菟、扶余、沃沮等道，右十二军出肃慎等道，征高丽。《旧唐书·东夷传》：高丽者，出自扶余之别种也。东渡海至于新罗，西北渡辽水至于营州，南渡海至于百济，北至靺鞨，东西三千一百里，南北二千里。

其王高建武，贞观五年筑长城，东北自扶余城，西南至海，千有余里。

按：夫余、挹娄，晋时疆域与后汉略同，惟夫余王子弟走保沃沮。沃沮《晋书》无传，其疆域未可臆断。至夫余王被慕容隽虏灭之后，至北魏时为勿吉所逐。见《魏书·高句骊传》。想即为勿吉所并，故《魏书》以后，遂不复见矣。勿吉、挹娄、鞑靼后皆统称黑水鞑靼。太白、徒太皆长白山也。粟末即松花江也。粟末部居最南，抵长白山与高丽接。黑水部居极北，当在今三姓以东，沿混同江各岸。自唐取平壤，白山部入唐，其伯咄、安车骨遗人皆并入渤海，惟黑水部尚为完疆耳。豆莫娄，即《魏书·勿吉传》大莫庐国，《唐书》达末娄。所云在勿吉国北千里，旧北夫余北。扶余当在北郭尔罗斯至黑龙江地，至高丽灭其国，遗人度那河因居之。那河，即嫩江，古名难水。所云室韦之东，当在室建河口，为今伯都讷左右。高丽出自扶余之别种，唐薛仁贵既破高丽于金山，遂拔扶余。扶余川中四十余城皆望风请服。是其进兵先从西鄙攻扶余，南苏次第取之也。高句骊既灭，新罗、百济尚存，百济亡而新罗遂兼有二国之地，迨北宋新罗亡时，有裨将王姓、叛而建国，遂曰高丽。是今之高丽，不过袭高句骊故名耳。其领土又有不同者。高句骊立国于满洲，据有高丽之平安、咸镜二道，若高丽乃建国于朝鲜半岛，箕子所封。朝鲜在今盛京南部一带，三韩故基则分有今高丽全壤，故高丽亦名朝鲜，又称韩国。是吉林疆域在晋为夫余、挹娄、高句骊、沃沮，北魏为勿吉、豆莫娄，隋南为白山粟末，北伯咄、安车骨，东为拂涅、号室，东北黑水、窟说、莫曳，皆虞娄、越喜、铁利等鞑靼地也。

第四节　唐

唐开元以前，为靺鞨、高丽，及高丽既灭，渤海遂兴。渤海本粟末靺鞨，而附属于高丽者，姓大氏，高丽灭，率众保挹娄之东牟山，筑城郭以居，高丽逋残稍归之。有乞乞仲象者，与靺鞨酋乞四比羽及高丽余种，东走渡辽水，保太白山之东，北阻奥娄河自固。武后封为镇国公，其子祚荣并比羽之众，恃荒远乃建国，自号震国王，地方五千里。先天中为渤海郡王，以所统为忽汗州，自是始去靺鞨号，专称渤海。天宝中徙上京，直旧国三百里，忽汗河之东，建五京十五府六十二州。《新唐书·北狄传》：肃慎故地为上京龙泉府，领龙、湖、渤三州。上京之南为中京，曰显德府，领庐、显、铁、汤、荣、兴六州。又东京龙原府，涉陌故地，一曰栅城府，领庆、监、穆、贺四州。又沃沮故地为南京，曰海南府，领沃、晴、椒三州。扶余故地为扶余府，常屯劲兵捍契丹，领扶、仙二州。拂涅故地为东平府，领伊、蒙、沱、黑、比五州。率宾故地为率宾府，领华、益、建三州。以涑州为独奏州，以其近涑沫江，盖所谓粟沫水也。以铁利州为铁利府，其北曰黑水靺鞨。《旧唐书·北狄传》："开元十三年，安东都护薛泰请于黑水靺鞨内置黑水军，续更以最大部落为黑水府，以其首领为都督，诸部刺史隶属焉。中国置长史就其部落监领之。"又《新唐书·北狄传》："黑水西北又有思慕部，益北行十日得郡利部，东北行十日得窟说部，亦号屈说，稍东南行十日得莫曳皆部，又有拂涅、虞娄、越喜、铁利等部，其地南距渤海，东际于海，西接室韦，南北袤二千里，东西广千里。拂涅、铁利、虞娄、越喜时时通中国，而郡利、屈说、莫曳，皆不能自通。"

按：《一统志》：渤海所置五京十五府六十二州，多在吉林乌拉、宁古塔及朝鲜界。五京在吉林省者四，十五府在吉林者九。其上京龙泉府所谓渤海王城，实维挹娄故怀，今宁古塔西。大祚荣所居忽汗州，据《满洲源流考》为今宁古塔呼尔哈河也。呼尔哈河汇于宁古塔城西南一百里之毕尔腾湖。湖广五六里，衮七十里许，中有三山，即所谓忽汗海也。则忽汗州为今牡丹江流域，当为敦化县境。中京显德府，据贾耽《道里记》：自神州陆行四百里至显州，又云自鸭绿江口东北行千二百余里乃至显州。神州为今奉天通化县东境，显州距神州四百里，当在今吉林府西南及伊通东南境。《辽史·地理志》谓：渤海忽汗州即故平壤城也，号中京显德，时太祖攻渤海，拔其城，以为东丹王国。又曰葺辽阳故城，以渤海汉户建东平郡，迁东丹国民居之。又曰东京魏时为高丽平壤城，辽东京本此，唐于此置安东都护府。考安东都护府本在平壤，上元三年徙辽东郡故城，仪凤中徙新城，即今辽阳州治。《辽史》据后徙之区，犹指为初置之所，已相去五百里，而以忽汗州为平壤，又以显德府为忽汗州，并以上京、中京合为一区，其误甚矣。东京龙源府，涉陌故地。涉陌在汉属乐浪郡，即今朝鲜江源道等处是也。其所云大钦茂东南徙东京，又云东南濒海日本道，考南京南海府，为今珲春，在上京之南。率宾在上京东南，又其东为锡赫特山，于上京为东南，两面皆际海，与日本相值，想即渤海东京地也。其盐、庆、穆、贺四州，今已不可考。南京南海府，《唐书》云：南海新罗道也，又云沃沮故地。沃沮即今图们江北以迄今之咸镜道等处，以地考之，则南京当为今咸镜道北界，及珲春之地。扶余故地为扶余府，《辽史》太祖平渤海，次扶余城，有黄龙见于城上，更名黄龙府，其所属扶、仙二州。扶州当因扶余得名，仙州后不复见。《通志》以通州所属，扶余县即为仙州，但《辽史》属龙州者八，龙州即黄龙府。为长平、富利、佐慕、肃慎、永宁、丰水、扶罗、永平等县。属通州者七，为扶余、布多、显义、鹊川、强师、新安、鱼谷等县，即指仙州为扶余，未为确也。东平府为拂涅故地，《新唐书·北狄传》："东北曰伯咄部，又次曰安车骨部，益东曰拂涅部。"安车骨部，今阿勒楚喀及五常府境，则拂涅部当在宁古塔、三姓之间。今宁古塔城西南八十里古城，俗呼东京城，亦曰佛讷和城，即明佛纳和卫地，与拂涅音近，又在安车骨部东，知为宁古塔地无疑。《辽史》以为辽州始平军地，则在奉天以西，其相去远矣。率宾府即今绥芬河，金置率宾路节度使，辽时为率宾府，置刺史，本故率宾国地。西北至上京一千五百七十里，即今阿勒楚喀东北，至呼尔哈一千一百里，即今三姓，西南至海兰路一千二百里，即今海兰河，以《金史》地望推之，当在绥芬河。率宾一作苏宾，《明一统志》作恤品，其府路故基即今双城子。涑州为独奏州，《满洲源流考》谓独奏"犹言直隶，不辖于府，事得专达也"。其地近涑沫江。盖其论粟末水也，唐以前所谓粟末水自长白山至今伯都讷而止，故乌拉城为粟末水。今乌拉西北数里有土城，土人呼曰高丽城，当时高丽曾附属靺鞨，所谓涑州即此也。铁利府，据《契丹国志》，在临潢正东北五十余里，其国西南与靺鞨接界。《新唐书·北狄传》："黑水稍东南行十日得莫曳皆部，又有拂涅、虞娄。越喜、铁利等部。"是铁利尚在拂涅北部。至云西南与靺鞨接，以《唐书》考之，靺鞨七部全境，粟末并其西南，黑水据其东北，则铁利在黑水境内。铁利即铁骊，亦曰勃利，今依力嘎对岸属俄之伯力即铁利也。黑水靺鞨，据《唐书·北狄传》：黑水靺鞨最处北方，尤称劲健，又称室建河，东合那河、忽汗河，又东贯黑水靺鞨，故靺鞨跨水有南北部，以地望诊之，南部在混同江南，乌苏里江左右之地，为宁古塔东境，北部在江北费雅喀奇勒尔之地，为三姓东北境。至开元十三年，安东都护薛泰请于黑水靺鞨内置黑水军，续更以最大部落为黑水府，则自混同江、乌苏里江、三姓以下并索伦河，皆黑水部矣。其西北思慕部益北行得郡利部，应在黑龙江外，窟说部与库叶同音，当为今之库页岛。莫曳皆部应为今奇雅喀喇人等。其拂涅、虞娄、越喜、铁利等部，虞娄、越喜今无可考，曹氏谓为挹娄故地，其道里相去远矣。是唐时西北为高丽，后为渤海涑州，东为上京及率宾府，东南为南京，东北为东平府，西南为中京，西北为扶余府，极东北为黑水靺鞨。

第五节　辽

契丹立国，分五京为五道，其下有若干州军县。其在吉林地者则为上京之东南，东京之东北，及女真五国等部。其系于上京者，则有长春州。《辽史·地理志》："长春州韶阳军下节度，本鸭子河春猎之地，兴宗重熙八年置，隶延庆宫，兵事属东北统军司，统县一。"东京则有通州、黄龙府、宁江州、率宾府、辉发、女真诸部是也。《辽史·地理志》："通州安远军节度，本扶余国王城，渤海号扶余城，太祖改龙州，圣宗更今名，保宁七年升节度，统县四。"龙州黄龙府，本渤海扶余府，太祖平渤海，还至此崩，有黄龙见，更名。开泰九年迁城于东北，以宗州、檀州汉户一千复置，统州五县三。"宁江州混同军观察，清宁中置，初防御，后升兵事，属东北统军司，统县一。"率宾府，《辽史·营卫志》："率宾府刺史，故率宾国地。"辉发部，《大金国志》："自咸州东北分界，入山谷，至涑沫江，中间所居之女真隶咸州兵马司，谓之辉发部、长白山部、博罗满达勒部。"又《兵卫志》："辽属国可纪者五十有九，朝贡无常，有事则遣使征兵或下诏专征，不从者讨之，助军众寡各从其便，无常额。"铁骊、靺鞨、兀惹、北女直、辉发原回跋女真，皆不轻用之，所以长世。女真，《契丹国志》：女真世居混同江之东，其地乃肃慎故区也。地方数千里，户口万余，无大君长，立首领分主部落。饶山林。契丹于长春路置东北统军司，黄龙府置兵马都部署司，咸州置详衮司，分隶之。

《文献通考·四裔考》：女真，盖古肃慎氏，世居混同江之东，长白山下鸭绿水之源。南邻高丽，北接室韦，西界渤海、铁甸，东濒海。后汉谓之挹娄，元魏谓之勿吉，隋唐谓之靺鞨，姓挐氏，隋开皇时曾入贡。其族分六部，有黑水部，则今女真，契丹目之曰虑真，阿保机虑其为患，诱迁豪右数千家于辽阳，而著籍焉，分其势使不得与本国相通，谓之合苏馆。合苏馆者，熟女真也，又曰黄头女真。自咸州东北分界入谷口至涞沫江，中间所居者以隶咸州兵马司，与其国往来无禁，谓之回霸。回霸者，非熟女真，亦非生女真也。自涞沫江之北，宁江之东，地方千余里，户十余万，无大君长，亦无国名，自推豪侠为酋渠。小者千户，大者数千户，则谓之生女真，僻处契丹东北隅。又《辽史·圣宗纪》：太平元年，"东京留守奏，女真三十部部长请各以其子诣阙祗候，诏以其父俱来受约"。又《道宗纪》：咸雍五年，五国博和哩部叛，命肃索讽讨之，十二月五国来降。

按：辽置郡县仅及松花江左右，故其上京、东京，大都在伯都讷、长春、农安、乌拉等处，其东北两面诸部非羁縻即侨置耳。《辽史》：太平四年，"改鸭子河为混同江，塔鲁河为长春河"，而《营卫志》谓：鸭子河在长春州东北三十五里。《通鉴辑览》：长春州为郭尔罗斯前旗地，今之长春即割郭尔罗斯前旗设治也。黄龙府与通州均为扶余故地，通州先名龙州，又改扶余府为黄龙府，属龙州。太祖平渤海，次扶余城，有黄龙见于城上，更名黄龙府。黄龙府属县有八，通州属县有七，见

前 此言通州统县四，想彼时或沿或并无定制耳。然《辽史》既然改扶余府为龙州，又言龙州为通州，则通州与龙州似属一处。至开泰九年迁城于东北，改扶余府为黄龙府，始分为二也。扶余城为今长春东北境，则黄龙通州应在今伯都讷、长春之间。宁江州，今伯都讷城东南石头城子是也。金之破辽，首得宁江，得胜陀碑尚在石头城北，确有可证。至五京之外，如率宾府者，则仍渤海之旧名，而与五京异也。辽灭渤海后，即率宾故地置率宾府，以东境疆域之广阔，仅设一率宾府以镇之，盖其专用兵北部，而无暇东顾也。北极黑水，其地多自为部落，叛服无常，其最著者以五国部、完颜部。五国部，《辽史·地理志》："圣宗时来附，命居本土，以镇东北境，属黄龙府都部署司。"五国者，博和哩国、博诺国、鄂罗木国、伊埒图国、伊埒济国，今三姓为五国头城是也。其自三姓以下至乌苏里江左右，则有乌舍部、伯哩部、铁骊等部落。其完颜部据《金史》有特克新特布水完颜部、音德尔水完颜部、玛奇岭赫伯村完颜部、札兰完颜部，金祖所居有海古勒完颜部。其部落毗连无可详考，惟舍音水为今三音讷殷地，札兰即珲春以东入海之雅兰河。其在吉林西北，若达罗克部、富察部、博都里部、费摩部、瓜尔佳部、珠嘉部、珠格部、乌苏展部，则在今伯都讷、伊通、五常等处。图们水有温特赫部、乌库里部，长白山北之赫舍哩部，伊勒呼岭布萨部，海兰水有乌凌阿部。其温都部、齐达勒部、沃棱部，则在宁古塔间。舍国部、威准部、哲尔德部，当在珲春、敦化之交。其余如沃埒部、尼玛哈部、矩威水部、布古德部、纳哈塔部、伊勒敦部、阿克占部、锡默部，星罗棋布，各据一隅，时叛时服，无可稽考。是辽之时，吉林全境，西北为东京之通州黄龙府，西为上京之长春州，南为长白山部，西南为辉发部，东南为博罗满达勒部，东北为女真、乌舍、铁骊、靺鞨等部也。

第六节 金

女真之先，本出于靺鞨，始附属于高句骊，五代时附属于契丹。初为完颜女真部，崛起于图们江流域，《金太祖实录》云："辽以镔铁为号，取其坚也，镔铁虽坚，终有损坏，惟金一色最为真宝，金之色白，完颜色尚白，况所居按出虎水之上，于是国号金。"其建置仿于辽，设五京，复增一京为六，分十九路，满洲共设九路。上京路，《金史·地理志》：上京路即海古勒之地，金之旧土也。天眷元年，号上京，海陵迁都于燕，削上京之号，止称会宁府。大定十三年，复为上京。其山有长白、青岭、玛奇岭、温都尔岭，水有阿勒楚喀、混同江、拉林、松阿哩、鸭子河。会宁府，《金史·地理志》：会宁府下，初为会宁，太宗以建都升为府。天眷元年，置上京留守司，以留守带本府尹兼本路兵马都总管，后置上京海兰等路提刑司。东至呼尔哈路六百三十里，西至肇州五百五十里，北至扶余路七百里，东南至率宾路一千六百里，至海兰路一千八百里，县三。海兰路，《金史·地理志》：海兰路设总管府。贞元元年改总管为尹，仍兼本路兵马都总管。承安三年设兵马司副总管。有伊勒呼水，西北至上京八百里，东南至高丽界五百里。又率宾路节度使，辽时为率宾故地，太宗天会二年，以札兰路都贝勒所居地瘠遂迁于此，以海陵罢万户置节度使，因名率宾路节度使，西北至上京一千五百七十里，东北至呼尔哈一千一百里，西南至海兰一千二百里，北至边界干罕哈林千户二千里，恤品河流经建州东南一千五百里，入于海。又呼尔哈路，国初置万户，海陵例罢万户，乃改置节度使。西至上京六百三十里，北至边界哈喇巴图千户一千五百里。又肇州下防御使，旧珠赫店也。天会八年，以太祖兵胜辽，肇基王迹于此，遂建为州。天眷元年，置防御使，隶会宁府。海陵时尝为济州支郡，承安三年复以为太祖神武隆兴之地，升为节镇军。又隆州下设利涉军节度使，古扶余之地，辽太祖时有黄龙见，遂名黄龙府。天眷三年改为济州，以太祖来攻城，大军径涉，不假舟楫之祥也，置利涉军。贞祐初，升为隆安府。又泰州德昌节度使，辽时本契丹二十部族牧地。海陵正隆间置德昌郡，隶上京。大定二十五年，罢之。承安二年复置于长春县，以旧泰州为金安县，隶焉。又长春县，辽长春州韶阳军，天德二年降为县，隶肇州，承安三年来属。有达噜噶河、鸭子河、必垎布泉。又咸平路，《金史》：咸平路领府一，曰咸平，当在今开元县境。其所属有归仁、玉山二县。《金史·地理志》：归仁县辽旧隶通州安远军，本渤海强师县，辽更名，金因之。北有细河。又玉山县，章宗承平三年，以穆苏集、平郭、林河之间相去六百余里之地置，贞祐二年四月升为节镇军，曰镇安。

按：上京路为海古勒之地，《金史》：献祖徙居海古勒水始有栋宇之制，遂定居于阿勒楚喀之侧。今阿勒楚喀城东北二十余里，有海古水即海古勒也，俗称为大海沟、小海沟，合流入阿勒楚喀河。今阿勒楚喀城南四里有白城，即上京会宁府地。据《松漠纪闻》、徐梦莘《北盟会编》、许亢宗《奉使行程录》道里计之，毫无疑义。徐云近阙去伞盖有冈埠围绕，高丈余，皇城也。城中有一小城基址，疑系当年之禁城，方约二里，南面有土阜对峙，其高阜数层，皆在子城，想即当年宫殿遗址也。海兰路，在今延吉海兰之流域，所云西北至上京一千八百里，东南至高丽界五百里者，据《朝鲜史》云：辽金与高丽旧界在今咸兴府南之定平府。咸州等九城，乃高丽所筑，寻即撤还。所谓九城者即今之庆源、镜城、富宁、会宁、钟城、兴京、稳城等府。终金之世，图们江南岸之九城，不能为高丽有，故史去西北至上京一千八百里，东北至高丽界五百里，由今之海兰河计之，北至阿勒楚喀城，南渡图们江，而至朝鲜之定平，道里适相符合。率宾路为渤海率宾故地，今之绥芬河也。其疆域与唐大略相同。所云札兰率宾相去千里。札兰或云即海兰，一作耶懒，又作阿懒。《金史·高丽传》所谓耶懒以南者，当即指此。惟海兰河在宁古塔城南四百一十里，相距并无千里。《通志》谓绥芬河以东千里许入海之水，有雅兰河，相去适符千里之数，庶几近之。呼尔哈路以河得名，即瑚尔哈河。瑚尔哈初称虎尔哈，又讹和罗噶故改里，自宁古塔以下至三姓混同江岸，皆呼尔哈路也。北至边界哈喇巴图千户一千五百里，其部落虽无可考，然自宁古塔至混同江六百余里，过江九百里，当在索穆河以北，所谓边界是也。肇州，据《金史》上京会宁府西至肇州五百五十里，以地望诊之，当在今伯都讷。史言隆州有纳尔珲河，河为伯都讷旧名，在金为肇州，尝为济州支部，故以属之。旧珠赫店即出河店也，《金史》太祖与辽将都统萧嘉里、副都统托卜嘉将步骑十万会于鸭子河北，太祖自将击之，黎明及河遂登岸，与辽兵遇于珠赫店，今伯都讷逊札堡站东北十余里珠赫城，俗呼朱家城子，即此地也。隆州，本龙安府，《明一统志》："龙安一秃河在三万卫西北金山。"《全辽志》："龙安城在一秃河西金山。"《东册》说城周七里，门四，旁有塔，亦名农安。今吉林西北二百八十里农安县在伊通河西二百里，城基与册说合，西门外半里有农安龙塔，知农安即隆州也。泰州德昌郡，所谓旧泰州金安县，其地无可考，新泰州置于长春，则金安当去长春不远。至云契丹二十部族牧地，即今科尔沁左翼前旗及郭尔罗斯地也。长春县，《辽史·地理志》："长春州韶阳军，本鸭子河春猎之地，兴宗重熙八年置。"又《辽史》：上京有他鲁河，《金史》：长春县有挞鲁古河。辽圣宗四年正月如鸭子河,二月己未猎挞鲁河,诏改鸭子河为混同江,挞鲁河曰长春河。《金史》收国元年太祖自将攻黄龙府,进临益州,州人走保黄龙,留罗索尼楚赫守黄龙,上自率兵趋挞鲁噶城。时辽天祚帝率蕃汉兵十余万出长春路,太祖乘其未阵,三面击之,天祚大败,退保长春,乘胜遂克黄龙。挞鲁噶城,即辽之长春州,金复置为春州德昌郡,即长春县治所载也。以泰州北至边四百里推之,金与辽皆北至胪朐河为极止,所谓北至边即胪朐河也,至肇州三百五十里,今自长春至逊札堡站东北之珠赫城,道里相符。咸平府,辽时为咸州,东北分界入山谷至粟末江,中间所居之女真隶咸州兵马司,与其国往来无禁,谓之辉发。《金史》:咸平有梅赫河、雅哈河。梅赫河,则入辉发河,雅哈河则入赫尔苏河。赫尔苏河即辽河也。出奉天围场经赫尔苏边门入昌图境,与西辽河合,南流入奉天开原界。咸平所属归仁、玉山二县,皆在今伊通州境。《元史》:金主遣宣抚万努领军四十万攻琉格,逆战于归仁县北河上,金兵大溃,万努收散卒奔辽东县北河,即伊通河也。《辽志》:开原北第三站曰归仁站,当即归仁县境。玉山县,史谓以穆苏集、平郭、林河之间相去六百余里之地置。考穆书河为今伊通州境东北之河,自开原至其地尚不出六百里之内,则两县均应在伊通州左右无疑。是吉林在金时,南为上京海兰路,东南为率宾路,东北为呼尔哈路,北为肇州会宁府,西北为隆州及东京之泰州,西为东京咸平路属之归仁、玉山二县。

第七节　元

　　元灭金后,世祖奄有中夏,建国号曰大元。以京畿为中书省,分其领土为十一行中书省,置总管府。满洲为辽东行中书省,设治沈阳,分辖各路,吉林则为开元、咸平、海兰府、硕达勒达等路及肇州地。开元路，《元史·地理志》：开元路古肃慎之地，隋唐曰黑水靺鞨，唐以其地为燕州，置黑水府，东渤海，南界高丽，西北与契丹接壤，即金鼻祖之部落也。太祖阿古达既灭辽即上京设都，海陵迁都于燕京，改为会宁府，金末其将布希万努据辽东，元初癸巳岁出师伐之，生擒万努，师至开元，率宾东土悉平，开元之名治见于此。乙未岁，立开元、南京二万户府，治黄龙府。至元四年，更辽路总管府，二十三年改为开元路，领咸平府，后割咸平为散府，俱隶辽东道宣慰司。《元一统志》："开元路南镇长白之山，北浸鲸川之海，三京故国，五国旧城，亦东北一都会也。"咸平府，《元史·地理志》：辽平渤海以其地多险隘，建城以居流民，号咸州，金升咸平府，领县六，兵乱皆废。元初因之，隶开元路，后复割出隶辽东宣慰司。《元一统志》："辽河从咸平府界流经沈阳西北达广宁路境。"海兰路，《元史·地理志》：海兰府硕达勒达等路，土地旷阔，人民散居。元初设军民万户府五，抚镇北边，一曰屯，一曰呼尔哈，一曰乌图里，一曰托果琳，一曰布苦江，各有司存，分领混同江南北之地。其居民皆硕达勒达女真之人，各仍旧俗，无市井城郭，逐水草为居，以射猎为业。故设官牧民，随俗而治，有海兰府硕达勒达等路以相统摄焉。《续通志》：合兰府硕达勒达等路，金扶余、海兰、率滨、和罗噶等路及肇、隆、信三州地也。肇州，《元史·地理志》：至元三十年，以纳延故地曰阿巴拉乎者产鱼，以伊斯、珲哈剌纳苏、济奇尔济苏三部人居之，名其城曰肇州。《元史·兵志》：肇州屯田万户府，元贞元年以纳延布拉噶齐及打鱼硕达勒达女直等户，于肇州旁近地开耕。

按：元自成吉思汗首略中央亚细亚，初建都名曰和林格伦，至太宗始灭金，世祖建国，兵威所及，至于欧洲。其疆域之广，甲于前代。以东三省之大，仅设一辽阳中书省，以吉林之大仅设开元、海兰两路，可谓节疏目阔毫无建置矣。开元路，据《元史》云，唐以其地为燕州，置黑水府。唐之黑水在今黑龙江地面。又《一统志》：三京故国,五国旧城，则自长白山至黑龙江沿江濒海之地皆隶开元路矣。史云：乙未岁立开元南京万户府治黄龙府。辽之黄龙府即金之隆州，亦即农安境，则移开原于农安已非黑水之地矣。至元四年，更辽东路总管府，二十三年改为开元路领咸平府，是又移开元府。今之开原县，明洪武改元为原，设开原卫，即今开原县，非元初之开原也。咸平府，金时领县六，其在吉林仅归仁、玉山二县，疆域与金略同，其东南斜抵鸭绿江，接于高丽海兰路，与金之海兰路同名异地。金海兰路，在延吉海兰河流域，元时海兰路之所治。据《满洲源流考》云：海兰路即设万户府于宁古塔之境，又《元史》：瑚尔哈路有瑚尔哈河并混同江，又有海兰河入于海，则海兰府当在今宁古塔境内矣。然元之海兰府与金代异处，而海兰路则固辖有金海兰路之地也。其军民万户五，今虽无可考，以史文分领混同江南北之地断之，知为混同江近岸无疑。一曰屯，当即窝稽之名，《通志》谓发源屯窝集之屯河，应即其地。呼尔哈路，在今之三姓，乌图里疑即乌苏里，乌图、乌苏译音相似，且在混同江近岸，当即是也。至托各琳、布固江，今已无可考矣。肇州，《元史》云：大德二年，拨扶余路蛮军三百户属肇州。《元一统志》：上京之北曰肇州。考上京之称不一，有渤海之上京，有辽之上京，有金之上京，元时所称之上京当仍金旧号，在会宁府，则肇州应在黑龙江呼兰府地。然以《金史》会宁府西至肇州五百五十里之文证之，则又显相抵触，《通志》谓在伯都讷境，正在阿勒楚喀西五百里许，与史文合，知肇州不得在上京北也。惟史文附注广宁府无稽考耳。《通志》据孙子耕友流努儿干送至肇州之文，遂谓与宁古塔近，不足据也。

第八节 明

明至成祖时，废元之辽阳行中书省，置定辽都营于辽阳，后改为辽东都指挥使司，辖卫二十，州二。于今之黑龙江、吉林二省，置卫三百八十四，所二十四。《明一统志》：女真东濒海，西接乌良哈，南邻朝鲜，北至努儿干北海。自开原迤北，因其部族建置都司一，卫一百八十四，所二十，官其酋长为都督、都指挥、指挥、千百户、镇抚等职，给与印信，俾仍旧俗，各统其属，以时朝贡。《明史·兵志》：羁縻卫所，洪武永乐间，边外归附者，官其长为都督、都指挥、指挥、千百户、镇抚等官，赐以敕书、印记，设都司卫所。又都司一，努儿干都司。《明实录》永乐二年，忽剌温等处女真野人头目把剌答塔来朝，置努儿干卫，以把剌答塔、阿剌孙等四人为指挥同知，古驴等为千户所镇抚。七年闰四月，设努儿干都司。《明会典》：永乐二年，女真野人来朝，其后悉境归附。九年始设努儿干都司。

按：明代置卫所皆自永乐始，其城站地面设在吉林者二十九。努儿干，《明一统志》：女真北至努儿干北海，正在今混同江两岸，为费雅喀、奇勒尔各部所居。惟努儿干都司《实录》为七年设，而《会典》云九年设，按之努儿干永宁寺碑中所言，当以九年为是。女真有三种，海西者为海西女真，建州、毛怜者为建州女真，极东为野人女真。《会典》所云，女真野人悉境归附，始设努儿干都司，则努儿干当在今三姓。《柳边纪略》谓：在宁古塔，或者努儿干都司移驻于宁古塔未可知也。其卫计三百八十四，在今吉林府境，则有隆里卫、塔山卫、额伊瑚卫、达喜穆鲁卫、苏完河卫、巴延卫、乌拉卫、穆陈卫、布尔堪卫、哈达卫、伊罕河卫、玛延山卫、齐努温河卫、伊努山卫、阿济卫、讷穆河卫、佛尔们河卫、伊拉齐河卫、呼兰山卫、阿鲁河卫、推屯河卫、雅哈河卫、乌尔坚山卫、伊实卫、恰库街罗罗卫、奇塔穆河卫、赫通额河卫、农额勒卫、穆勤卫、噶哈卫、塔克题音卫、哈尔费延卫、尼马瑚山卫、伊屯河卫、伊尔们河卫、勒克山卫、萨喇卫、法河卫、雅奇山卫、乌苏卫、鄂山卫、赫尔赫河卫、呼鲁河卫、富尔哈河卫、萨尔达卫、库垎讷河卫、康萨卫、勒富河卫、阿林卫、松阿哩卫、札哈卫、穆苏卫、屯齐山卫、赛音卫。伯都讷则有三岔河卫。宾州有肥河卫、费克图河卫、岳喜卫、阿实卫。五常有摩林卫、默伦河卫。双城有拉林河卫。宁古塔境有窝集卫、窝集左卫、窝集右卫、窝集后卫、坚河卫、沙兰卫、伊尔库鲁卫、斐森卫、穆陈卫、萨尔浒卫、窝集前卫、穆伦河卫、沃楞卫、穆克图哩山卫、多林山卫、海兰城卫、鄂古河卫、塔拉卫、乌苏哩河卫、们河卫、穆瑚垎河卫、呼尔哈河卫、赫图河卫、富勒坚卫、富伦卫、尼满河卫、费雅河额呼河卫、噶穆河卫、托罕河卫、实尔固辰卫、札津卫、祐实哈哩卫、锡璘卫、苏穆噜河卫、佛讷赫河卫、呼勒山卫、札穆图卫、穆当阿山卫、克音河卫、呼济河卫、拉拉山卫、法勒图河卫、伊鲁河卫、布拉卫、萨尔布卫、布达卫、兴凯卫。三姓有屯河卫、穆勒肯山卫、喜塔尔河卫、克默尔河卫、奇集河卫、绰拉题山卫、猷特哩卫、福题希卫、奇穆尼卫、希禅卫、额勒河卫、弼勒古河卫、实尔固辰卫、和罗噶卫、和尔迈卫、和屯卫、第拉卫、瞻屯卫、敦敦河卫、斡赉城卫、阿奇卫、蒐里卫、格根卫、穆苏卫、海楚卫。珲春有率宾江卫、双城卫、塞珠伦卫、穆霞河卫、赓金河卫、乌尔珲山卫、额哲密河卫、通垦山卫、舒翻河卫、密拉卫、阿布达哩卫、富色克摩卫、布尔哈图河卫、锡塞卫、瑚叶卫、吉郎吉卫、珠伦河卫、舒尔哈卫、爱丹卫、哈瞻卫。所二十四，有窝集屯河所、喀勒达所、呼特亨所、德里沃赫所、阿实所、鄂尔珲山所、法坦河所、窝集奎玛所、窝集沃勒齐所、岳色所、窝集坚河所、索尔和绰河所、窝集色勒所。城站地面五十八，喜噜林城、佛多和站、伊罕河卫哈必苏站、富达里站、武都奇站、博和弼站、赫勒哩站、们河地面、萨哈地面、尼满河地面、噶穆地面、额图密地面、乌尔固辰地面、锡伯河地面、松阿里地面、奇集河地面、伊津河地面、伊屯河地面、果埒亨河地面、苏穆噜河地面、穆伦河地面、绥哈河地面、纳敏河地面、布尔哈图河地面、塞珠伦河地面、绥芬地面、锡玲地面、拉林口、必兴河口。以上据《吉林通志》所载，卫所、地面、城站，关外建置略具于此。考明代疆域极于开原，永乐时设努儿干都司，以资控制。而宣德中，亦失哈以太监将数千之众，踔行万里之外，前后三次用兵东北，勒碑而还，其威棱所及可谓远矣。然各卫所镇抚听其自治，不能臣服，其人民徒拥虚名，羁縻勿绝而已。当景泰间，建州卫指挥董山，纠毛怜、海西诸夷盗边杀掠。明遣都御史李秉靖等，督师入捣其巢，诸夷稍创犹能乞款入贡。至神宗时，建州努儿哈赤袭杀酋猛骨孛罗，后边吏不敢与较。至三十四年，建夷遂不复入贡，拥众要挟，凭陵开元，疆吏禁悸莫可如何。各酋长因之轻视中国，自此边疆迄无宁日，而各卫与明之关系名存实亡，一有触发，全局瓦解。观明代边疆之偾事，皆由于经营疏略，以至于是也。有国家者可以鉴矣。

第九节　明季清初

前清先世发祥于长白山之东，姓爱新觉罗氏，名布库里雍顺，是为始祖，定三姓之乱，遂居俄漠惠之野俄朵里城，建国号曰满洲。数传至肇祖，居瓜尔佳城，旧名赫图阿拉地。又数传至太祖，于明万历十四年，取尼堪外兰，次年环境诸国多以次削平。其时满洲有苏克素护河部、浑河完颜部、栋鄂部、哲陈部等五部。长白山二国有讷殷部、鸭绿江部，扈伦国有哈达部、叶赫部、辉发部、乌拉部，东海有窝集部、瓦尔喀部、库尔喀部。满洲及长白山二国为明之建州卫，东海国为野人卫，扈伦为海西卫。前清《开国方略》：太祖于万历十六年有苏完部长索尔果率部众来归，十九年收服鸭绿江部，二十一年取珠舍哩部、讷殷部，二十三年攻辉发部多壁城，二十五年平辉发国，二十六年克乌拉宜罕城，四十一年平乌拉国。是年征叶赫，降乌苏城，及叶赫所属璋城、吉当阿城、雅哈城、赫尔苏城、和敦城、喀布齐赉城、鄂吉岱城，及屯寨凡十九处。四十七年清天命四年，灭叶赫国。其东海窝集部、瓦尔喀部之噶嘉路、安楚拉库路、内河路于二十六年招降之。三十五年征窝集部之赫席赫路、鄂谟和鲁苏路、佛纳赫托克索路。三十六年取窝集之呼尔哈路、瑚叶路。三十八年招降窝集部之那穆都鲁路、绥芬路、宁古塔路、尼马察路。三十九年取窝集之乌尔固辰及穆棱二路。四十二年征窝集之雅兰路、锡琳路。三十九年克呼尔哈部札库塔城。崇祯二年清天聪三年，那堪泰路之呼尔哈人来归，命于宁古塔边地驻牧。崇祯十五年清崇德七年，征松阿哩，松江之呼尔哈部十屯人民，俱降之。此外，有奇雅喀喇，则天启四年清天命九年，招服也。库尔喀部，崇祯元年清天聪二年，来朝入贡也。赫哲喀剌、费雅喀、奇勒尔至康熙十年降服之。其库页部及海中各岛万历四十五年清天命四年，遣兵于海边诸部，凡散处部众悉收之，其岛居负险不服者，悉小舟尽取之而还。

　　按：长白山之东，布库哩山下有池，相传为天女浴躬处。当时池畔有朱果吞之遂生子，是为清之始祖，语涉荒诞，饰词附会，亦袭姜嫄履迹之意也。清之始祖体貌魁异,适三姓人争为雄长,日构兵乱,推为国主,乃定居俄朵里城,一作鄂多哩城,又作额多力城,亦作阿克敦城。今通呼敖东城,在敦化县,越数世以不善抚其众,国人叛,戕害宗族,有幼子名范察者,逃于野,幸得免。至肇祖,慨然恢复为志,诛先仇之后,以搜旧业。距俄朵里城西一千五百余里,即今奉天苏克素河、嘉哈河之间,太祖时环境诸部,渐已削平,国势日盛,乃招抚长白山、鸭绿江路,尽收其众。万历二十一年,叶赫、哈达、乌拉、辉发、科尔沁、锡伯、卦勒察、珠舍哩、讷音九部,合兵三路来侵,太祖自将击败之。十月,以珠舍哩部长助叶赫诸部来侵,遂遣征,克珠舍哩部,获其部长,释其罪,迁以归,赡养之。时殷讷部亦以兵助叶赫诸部,至是聚七寨人,据佛多和山寨而居。闰十一月,命额亦都、安费扬古、噶盖率兵千人围攻佛多和山寨。三月乃下,斩其部长薮稳色克什,取讷音部。二十三年,因辉发贝勒拜音达哩前与叶赫诸部一再来侵,太祖率兵攻之,克其所属之多壁城。三十五年,平辉发国。辉发之先,本姓伊克得哩,黑龙江岸尼玛察部人。有星古礼者,自黑龙江载木主迁于札噜居焉,因呼伦国之噶扬阿、图谟图二人居于璋地,姓纳喇,欲附其姓,杀七牛祭天,改姓纳喇,是为辉发始祖。生于备臣,备臣生纳灵阿,纳灵阿生拉哈都督,拉哈都督生噶哈禅都督,噶哈禅都督生齐纳根达尔汉,齐纳根达尔汉生旺吉努。招服附近诸部,筑城于辉发河边呼尔奇山,号辉发国。是时蒙古察哈尔国托萨克图图们汗自将围其城,不克而还。旺吉努卒,孙拜音达哩杀其叔七人自为贝勒,至是国亡。辉发在辽东河傍,即今奉天省先设后裁之辉发厅。土人名其城曰辉发城。三十六年,太祖命褚英同舒尔喀齐之长子阿敏率兵五千,征乌拉宜罕山城,克之。先是叶赫合九部兵来侵,乌拉贝勒满泰弟布占泰为清兵所擒,释还归国。时满泰所属苏斡延锡兰地,修筑边濠，淫村中妇，其夫夜入杀之。布占泰归，遂主其国，与清修好，后复背盟，并侵所属窝集部之呼尔哈路。四十年，太祖亲征之，克其临河五城，又取金州城。次年，先取逊札塔城，进克郭多、鄂谟二城。翼日，布占泰率兵三万越富勒哈城。清兵击之，布占泰遁投叶赫，遂平乌拉国。乌拉之先，以呼伦为国号，姓纳喇，与哈达国同以纳齐布禄为始祖。纳齐布禄四传都尔机，都尔机生子二，长克什纳都督，次古对珠延，古对珠延生泰万，泰万生布延，布延收服附近诸部，筑城于乌拉河岸洪尼地，国号乌拉，自称为贝勒，生子二，长布罕，次博克多，三十五年为清贝勒代善阵斩。布延卒，子布罕继之，布罕卒，子满泰继之，至满泰弟布占泰，国乃亡。乌拉在今省西北七十里松花江上之乌拉街，旧有宜罕山城，宜罕河出焉。是年秋七月，清太祖因布占泰投叶赫，遣使语叶赫贝勒锦台什、布扬古，令执布占泰以献。使者三往不从，太祖率兵四万征之，降乌苏城，尽焚贝勒所属璋城、吉当阿城、雅哈城、赫尔苏城、和敦城、喀布齐赉城、鄂吉岱城及屯寨凡十九处。叶赫遣人诉于明曰：哈达、辉发、乌拉三国，满洲已尽取之，今复侵我，其意即欲侵明，取辽东以建国都，使开原、铁岭为牧岛之场矣。明遣游击马时楠、周大岐等率千人，为叶赫守卫东西二城。四十七年，命代善率兵五千守札喀关，以防明兵，亲统军征之，自克依特城、尼雅罕寨，尽取叶赫所属蒙古游牧畜产，整兵而还，离叶赫城六十里驻之。叶赫遣使向明开原总兵马林告急，马林率兵助之，至叶赫城四十里，见清兵甚壮，不战而退。八月，灭叶赫国。叶赫之先蒙古国人，姓土默特，灭呼伦国所居璋地之纳喇部，遂据其地，因姓纳喇，后迁于叶赫河岸建国，故号叶赫国。其始祖星根达尔汉生锡尔克明安图，锡尔克明安图生齐尔噶尼，齐尔噶尼生楚孔格，楚孔格生台楚，台楚生二子，长青嘉努，次扬吉努，兄弟绥服叶赫诸部，各居一城，哈达国人多归之。青嘉努、扬吉努遂皆称贝勒，岁甲申，明宁远伯李成梁受哈达国所赂金及黑狐、紫貂，听谗构以赐敕赏赍为名，诱青嘉努、扬吉努两贝勒至开原，并从兵三百皆杀之。青嘉努子布斋，扬吉努子纳林布禄各继其父为贝勒，李成梁率兵取其杜喀、尼雅罕二寨。戊子年，又率兵围攻纳林布禄所居东城，大伤兵卒，不克而归，乃与和好焉。纳林布禄弟锦台什，布斋子布扬古嗣为贝勒，分居东西城，至是叶赫遂灭。叶赫今为赫尔苏边门内之叶赫站，在今省西四百九十五里。明于此置镇，所谓北关是也。扈伦四部叶赫、乌拉、辉发，皆在吉林，惟哈达在奉天海龙府境。明代疆域极于开原，叶赫逼在开原，于此设关，开通互市，故以哈达为南关，叶赫为北关也。东海瓦尔喀部，先是乌拉布占泰归主其国，以满洲所属瓦尔喀部安楚拉库路、内河路众所推服之三人送叶赫，引其使人招诱安楚拉库路、内河路，清遣费英东初征瓦尔喀部，取噶嘉路，杀部长何球，降其众。二十六年，以安楚拉库路旧属瓦尔喀部，复命统兵一千征之，取屯寨二十余，招降万余人而还。天聪九年十月，复征瓦尔喀，分八旗为四路，两旗合进一路。两黄旗进兵之地曰额赫库伦，曰额勒约索；两蓝旗进兵之地，曰阿库里，曰尼满；两白旗进兵之地，曰阿罗，曰诺万。崇德二年七月，征瓦尔喀，两红旗一路率绥芬、雅兰、瑚叶、乌尔吉壮丁，两蓝旗一路率额赫库伦额勒以东寨，木克勒以西壮丁。崇德五年，征瓦尔喀辉克地方，朱吉喇来朝，是十地属瓦尔喀部之证也。瓦尔喀部沿瓦尔喀河入鸭绿江，濒海两岸在兴京南，近朝鲜，沿鸭绿、图们两江之间。及诸海岛窝集部之赫席赫路，以附乌拉，清遣人招降不从。三十五年，命贝勒巴雅喇、巴图鲁额亦都、札尔固齐费英东、侍卫扈尔汉率兵千人征窝集部，取赫席赫路、鄂谟和苏噜路、佛纳赫托克索路。鄂谟和苏噜路，即今额默和索罗站，佛纳赫托克索路今佛多和河，在额默和北。三十六年，呼尔哈路侵宁古塔城，清驻防萨齐库路兵击败之，生擒人马铠匹，余众悉降。既而降人有逃至窝集部之瑚叶路者，次年命扈尔汉率兵千人征瑚叶路，取之。瑚叶路在兴凯湖东之瑚叶河，西北入乌苏里江，路以河得名。绥芬路归附后，其路长图楞为窝集部之雅兰路人所掠，明年清遣额亦都率兵往窝集部那木都禄、绥芬、宁古塔、尼玛察四路，招其路长来归。额亦都旋师，至雅兰路并击取之。绥芬路即绥芬河也。乌尔固辰路，先是窝集部来归，路长僧额、尼喀哩二人，以太祖所赐甲四十副，置绥芬地，为乌尔固辰、穆棱二路兵掠去，遣呼尔哈部长谕归还所掠，弗从，乃命阿巴泰等征乌尔固辰、穆棱二路。乌尔固辰，即库尔布新河，在兴凯湖东北；穆棱路即穆棱河，均入乌苏里江。雅兰路，四十二年，因雅兰路掠绥芬路长，至是征之，降雅兰、锡琳二路。雅兰路即雅兰河，出锡赫特山，南行入海。呼尔哈路札库塔人来降，既又贪乌拉国布匹，受其贝勒招抚。三十九年，额亦都等率兵克之。那堪泰路之呼尔哈人来归，命于宁古塔边地驻牧。崇德七年，清命沙尔琥达等率兵征松阿哩江之呼尔哈部十屯，沙尔琥达等遣人还奏，喀尔喀、木遮克、特库塔、图库福提、布鄂尔、珲斡齐、奇库巴、察拉额提、奇萨里尼、叶尔伯十屯人民俱已招降，则十屯人与札库塔城那堪泰路均为呼尔哈属也。呼尔哈路，据《开国方略》云：天聪二年长白山迄东滨海呼尔哈部头目来朝，则呼尔哈当仍是牡丹江沿岸处也。奇雅喀喇，音达珲路，塔库喇喇诺罗路，锡拉忻路，《满洲源流考》云：自宁古塔东行千余里，在乌拉哩江两岸者曰穆伦，穆伦又东二百余里住尼满河源者曰奇雅喀喇，一曰恰喀拉，恰喀拉散处于珲春沿东束海及富沁岳色等河是也。其音达珲三路，则天命元年九月招服之。音达珲即今音达穆河，塔库即达卜库屯，喇喇，今拉哈苏苏，此合三地为一路也。诺罗路即诺罗河，今称挠力河，锡拉忻路今奇纳林河，均奇雅喀喇所属也。库尔喀部，《文献通考》云：珲春河左右皆库雅喇人等所居，《满洲源流考》谓：在图们江北岸，与朝鲜庆远相对赫哲喀喇、费雅喀、奇勒尔部。《会典图说》：三姓东北，海内外地，皆诸部所居也。赫哲喀喇，康熙十年，世祖谕宁古塔将军巴海曰：飞雅喀、赫哲虽已降服，然其性暴戾，当善为防之，以是知赫哲诸部至康熙时始征服也。赫哲一作赫锦，亦作赫真，又作黑津，所称剃发黑津是也。又有额登喀喇，则为不剃发黑斤，通称曰黑哲，今自乌苏里江以下，阿吉以上，土人呼曰短毛子，其人皆剃发。自阿吉以下，至黑勒尔以上，土人呼曰长毛子，其人皆不剃发，能以舟行冰上，驾以犬，所谓使犬国也。赫哲又东北行七八百里，曰费雅喀，一作飞牙喀，俗与额登喀喇同。今自黑勒尔以下，至东北海口，合奇勒尔、俄伦春二族，凡居江沿者皆称济勒密，即费雅喀也。奇勒尔一作欺勒尔，今自索伦以南，松花江以北，凡游处山林者皆曰奇勒尔部。库叶部，古为女国，亦名毛人国，明称苦兀，今称库页，皆莫曳转音。魏源云：库页部海岛广袤，埒台湾，近混同江口，其岛杂有赫哲、费雅喀、鄂伦春之人，而库页为大，虽一洲岛，幅员千里，为混同江口一大护沙。其间打牲部落：曰库页，曰费雅喀，曰俄伦春，岁时贡貂皮于吉林，环库页之岛大小数十，若东海沃新楚鲁峰岛、图勒库岛、雅普格哩岛，及海内天然八岛，所谓岛居负险不服者乘小舟尽取之，当即指库叶并诸小岛也。至是吉林全境咸隶版图，自康熙二十八年，讨罗刹后边患亦少息矣。

第二章　疆　域

第一节　幅　员

吉林极幽燕之东北，控辽沈之上游，襟带江山，表里华甸，峨峨高原，地跨形胜，幅员寥廓，实为边陲重要之区。由省城计里核算，东至密山之松阿察河，与俄之东海滨省分界之亦字界牌一千八百余里，南至濛江之汤河口，与奉天抚松县交界五百余里，西至伊通外之威远堡边门，与奉天开原县交界五百六十余里，北至滨江之松花江，与龙江呼兰县交界六百余里，东南至珲春与俄分界之土字界牌一千二百余里，东北至绥远县之乌苏里江、混同江、黑龙江三江交汇，与俄分界之耶字界牌二千五百余里，西南至磐石，与奉天海龙县交界四百余里，西北至农安，与郭尔罗斯前旗交界五百余里。计吉林统部东西二千四百余里，南北一千五百余里。

第二节　地方行政区域

吉长道道尹辖境

按：清光绪三十三年设置，原名长春兵备道。宣统二年改西南路分巡兵备道，兼管长春税关及商埠交涉事宜，加参领衔，民国二年改西南路观察使，三年改吉长道道尹，驻长春，属县十一，曰吉林、长春、伊通、濛江、农安、长岭、桦甸、磐石、舒兰、德惠、双阳。

吉林县

旧名船厂。北魏靺鞨粟末部，唐渤海为涑州，辽金属宁江州，明季属扈伦之乌拉部，清康熙十五年移宁古塔将军于吉林，遂为省城，雍正四年设永吉州，隶奉天府尹，乾隆十二年改理事同知。光绪八年升为府，民国二年改为县，各府厅州均于民国二年改县后仿此。设经历一员，今裁。省城在京东二千三百里，东界敦化，西界双阳，南界桦甸，北界舒兰。

长春县

旧名宽城子。辽属上京路，金承安二年移泰州于长春县，元属开元路，清嘉庆五年借郭尔罗斯前旗地置长春理事通判，名长春厅，设治于新立屯，距今县治五十里。道光五年移驻宽城子，光绪八年改抚民通判，并增设农安分防照磨，十五年移农安照磨驻靠山屯，十六年又移驻治东北九十里朱家城子，十五年升为府，今改县，设经历一员，今裁。省西南二百四十里，东界吉林，西界奉天之怀德，南界伊通，北界德惠。

伊通县

地名伊通河，又作伊图河、伊屯河，史名一秃河，皆伊通之转音。治在上游。金咸平路，明为伊屯河卫地，后为扈伦族之叶赫部。清嘉庆十九年设伊通分防巡检，光绪八年升为州，又于州迤北九十五里赫尔苏边门设分防州同，今改为佐治员。宣统元年升伊通州为直隶州，今改县，设吏目一员，今裁。省西南二百八十里，东界磐石，西界蒙古之郭尔罗斯前旗，南界奉天之西丰，北界长春。

濛江县

土名二道江，因县境有头道江、二道江。设治在珠子河北岸濛江口，故名。江下流入头道江为松花江之正源。濛江满语为恰库，金为舍音完颜部，明季属讷殷部，清光绪三十四年增设濛江州，今改县。省南三百六十里，东界奉天之抚松，西界奉天之辉南、通化，南界奉天之临江，北界桦甸。

农安县

因县旁有龙安塔，音讹为农安，土人又讹为龙湾，故名。塔建于辽圣宗时，在今县西北数里。唐为渤海之扶余府，辽太祖平渤海至此，有黄龙见于城上，更名黄龙府。金太祖改为济州，后改为隆州，又改为隆安。元初立南京万户府，治黄龙府，至元间，更辽东路总管府改为开元路，即置开元路总管于此。明为伊屯河卫旁境。清光绪八年借蒙古郭尔罗斯前旗地设分防照磨，属长春。十五年改为县，设巡检一员，今裁。省西北三百六十里，东界榆树，西界长岭，南界长春、扶余，北界长岭及郭尔罗斯前旗。

长岭县

地名长岭子。《新唐书·渤海国》：长岭府领府、河二州。《满洲源流考》：河州在黄龙府北，有河流入松花江，当即此地。又县治北四十六里有古城，疑系长岭府故址。元属开元路，明为伊屯河卫旁境，满语果勒敏，长也，珠敦，岭也。清光绪三十四年，由农安及续放荒地分设县治，今仍之。又县南新安镇，于光绪三十年设分防主簿，今改名新安佐治员。省西五百二十里，东界农安，西界蒙古郭尔罗斯之前旗，南界奉天之奉化，北界扶余。

桦甸县

原名桦皮甸子，故名。原勘县治在桦树林子，因其地人烟稀少，现移驻官街。金为赫舍哩部，明为法河卫之东境，明季属白山国之讷音部，清初概属封禁地。光绪三十四年析吉林、磐石、敦化地，增设县。省东南二百七十里，东界敦化及奉天之安图，西界磐石，南界延吉，北界吉林、长春。

磐石县

因县治北山有石如磨盘，故名磨盘山。金为尼玛察部，明为扈伦之辉发部，清初南境属奉天今海龙县之围场。光绪八年设伊通分防巡检，十三年裁设分防州同，二十八年因于永安屯改设县，设巡检一员，今裁。省西南二百里，东界濛江，西界伊通，南界桦甸及奉天之海龙，北界吉林、长春。

舒兰县

以其地有舒兰河站，为省北台站之一，土名朝阳川。满语舒兰，果实也。境内本属前清贡山，为采贡小山红梨、山楂之地。明属阿林卫，清宣统二年析吉林府北界，增设县。省北一百八十里，东界五常，西界磐石，南界吉林，北界德惠。

德惠县

地名大房身子，在长春西北二百二十里，旧属长春。清宣统二年由长春之沐德、怀惠二乡及东夹荒地增设县。省西北三百六十里，东界松花江沿，西界伊通河，南界长春，北界伊通河。

双阳县

地名苏斡延，因境内有双阳河，故名。苏斡延，满语浊流也，即苏完河。辽金为宁江州旁境，明为依尔们卫。苏完河西与蒙古郭尔罗斯接壤，清宣统二年析吉林西北地，长春东地，伊通北地，增设县。省西一百九十里，东界吉林，西界伊通，南界磐石，北界吉林。

滨江道道尹辖境

按：清宣统元年设置，原名滨江兵备道，二年改西北路分巡兵备道，兼管滨江关税及商埠交涉事宜，加参领衔。民国二年改西北路观察使，三年改滨江道道尹，驻哈尔滨。属县八，曰扶余、双城、宾县、五常、榆树、滨江、同宾、阿城。

扶余县

原名伯都讷，又名那拉弄，为省西台站之一，又为西通蒙部之边驿，有新站、旧站。清康熙时遣戍人悉在于此。三十二年另建砖城于站南，别于旧站因曰新城。北魏靺鞨伯咄部，辽为达鲁噶部，隶北府节度，金为肇州，元立屯田万户府，仍为肇州，明初为三岔河卫，后被蒙古科尔沁侵掠，清廷抚定蒙部，设伯都讷站于纳尔浑之野，始划江为界。康熙三十三年，设副都统，宣统元年裁。据《吉林外纪》云：又有锡伯、喀尔喀、巴尔虎、瓜尔察等佐领管理各旗户，后裁。雍正四年设长宁县，隶奉天府尹，乾隆元年裁并，归永吉州。二年设州同，十二年裁改，设巡检，二十六年裁巡检，置理藩院蒙务主事，以理蒙事。嘉庆十六年裁改理事同知，添设巡检二员，分驻伯都讷、孤榆树。光绪八年厅治移驻孤榆树，改为抚民同知。三十二年升为新城府，还治伯都讷。民国二年改县，三年因与直隶、山东、江西、浙江、贵州重复，改名扶余县，设府经历一员，今裁。省西北六百里，东界榆树、双城，西界松花江及郭尔罗斯前旗、长岭，南界松花江农安，北界松花江与嫩江合流处及郭尔罗斯后旗。

双城县

本阿勒楚喀境。许亢宗《奉使行程录》：渡拉林河至矩古贝勒寨、达河寨、布达寨，皆在县境。因其地有双阳堡，亦名双城子。按：双城子有二，一在绥芬河旁，俄名尼格来司，《元史》至正二十年遣军淘金双城，明有双城卫，皆在绥芬河旁，今属俄之东海滨省之双城子也。双城县在金为上京会宁府之西南境，旧有二土城对峙，故名，明季为拉林河卫，后属乌拉部，清嘉庆十九年置协领，隶阿勒楚喀副都统，光绪八年设抚民通判，宣统元年升为府，今改县，设巡检一员，分防拉林城，巡检一员，今并裁。省北四百里，东界宾县，西界扶余，南界榆树，北界松花江。

宾县

地名苇子沟，《松漠纪闻》：契丹徙翁舍展国于黄龙府南，曰宾州。又云：自上京百五十里至拉林河，百十里至宾州。金上京即今阿城县。洪皓当日行程实由会宁向西行，今宾县治实在阿城东北，地望适相差越。金上京会宁府东境，矩威部图塔部女真所居，明为费克图河卫，今蜚克图站，为县西与阿城交界地。清光绪六年筑土城，八年设抚民同知，并设分防巡检驻县东南烧锅甸子，即今同宾县治。宣统元年升为府，今改县，设巡检一员，今裁。省东北六百一十里，东界方正、同宾，西界阿城、双城，南界五常，北界松花江。

五常县

因其地分仁、义、礼、智、信五区，故名。旧名五常堡，距今县治三十里。北魏靺鞨安车骨部，辽为阿延女真部，各赐部长名号。《契丹国志》称，为东南五节度是也。清同治八年设协领于五常堡，光绪六年于欢喜岭旁另建土城，八年设抚民同知，宣统元年升为府，今改县，设巡检一员，又于光绪八年设山河屯分防府经历，蓝彩桥设分防巡检，今并裁。省东北三百六十里，东界同宾，西界榆树，南界舒兰，北界宾县。

榆树县

地名孤榆树，故名。北魏靺鞨伯咄部，辽、金宾州地，明初为三万卫，后为三岔河卫，终属乌拉部。清嘉庆年裁伯都讷蒙务主事，分设巡检二，其一即设孤榆树。光绪八年改伯都讷理事同知为抚民同知，移驻于此，而移分防巡检于伯都讷。光绪三十一年设新城府，还治伯都讷，此处设榆树县，宣统元年升为直隶厅，今改县，设巡检一员，今裁。省西北二百八十里，东界五常，西界扶余、松花江、长春，南界吉林，北界双城。

滨江县

本双城府治，设治时，因土名哈尔滨，其地紧傍松花江，故名。江左近郭尔罗斯后旗地，蒙人以此地草甸平坦遥望如哈喇，蒙语因称为哈喇宾，土人又讹转喇为尔，遂称为哈尔滨。金为上京会宁府西北地，元属硕达勒达万户府，明为岳希卫、阿实卫境。清宣统元年设分防厅，今改县，设巡检一员，今裁。省北五百六十里，原辖傅家甸子、四家子两处地面，不足十里，嗣益以双城、阿城之地。东界阿城，西界俄暂租界之粮台，南界秦家冈之铁路旁，北界松花江岸。

同宾县

地名烧锅甸子，又名玛蜓河，满语玛蜓，肘也，谓河流湾抱如人肘也。因县治东有大小长寿二河，故名长寿县。金为上京会宁府，称乌济赫部，明为蚂蜓河卫，清光绪八年设烧锅甸子巡检，属宾州，二十八年改设县，民国三年改名同宾，设典史一员。先时设一面坡分防巡检一员，今并裁。省东北八百六十里，东界宁安、方正，西界双城、阿城，南界五常，北界宾县。

阿城县

本阿勒楚喀水名，即今阿什河，《金史》所谓按出虎水是也。为完颜本部地，金上京会宁府，今县迤南四里，有古城，土人名为白城，即此城也。元属硕达勒达万户府，明为岳希卫、阿实卫境，清雍正四年置协领，乾隆二十一年设副都统，宣统元年裁，增设县。省东北四百八十里，东界宾县，西界滨江，南界双城，北界黑龙江。

延吉道尹辖境

按：清宣统元年设置，原名珲春兵备道，二年改东南路分巡兵备道，兼管延吉珲春等处关税边务，加参领衔。民国二年改东南路观察使，三年改延吉道道尹，原驻珲春，改驻延吉，属县八，曰延吉、宁安、东宁、珲春、敦化、额穆、汪清、和龙。

延吉县

地名延吉冈，又名南冈，本珲春治烟集冈是也。金置海兰路总管府，明为锡璘卫、布尔哈河爱丹卫，清初为南荒围场，后因境内韩民越垦众多，光绪二十八年设延吉抚民同知，宣统元年升为府，今改县。省东南七百六十里，东界汪清、珲春，西界敦化，南界和龙及朝鲜，北界汪清、宁安。

宁安县

地名宁古塔，满语宁古塔，六数也，为东方肃慎之故墟。县西南七十里有古城遗址，四围几及四十里，即洪皓《松漠纪闻》所谓肃慎城也。北魏鞑靼拂涅部，唐渤海大祚荣建国于忽汗，称上京龙泉府，《唐书》：渤海王都下临忽汗，今古城西南镜泊湖是也。辽为天福城，金置呼尔哈路万户，元置呼尔哈军民万户府，明设努儿干都指挥于此，统制诸卫。清顺治十年设副都统于古城，在今城西北五十里，康熙五年筑新城，后改为宁古塔将军，十五年将军移驻吉林城，仍置副都统于此，雍正五年置泰宁县，属奉天府尹，旋裁。光绪三十二年裁副都统，侨置绥芬厅，宣统元年移厅治于三岔口，增设宁安府，今改县。省东南八百里，东界穆棱，西界五常，南界延吉，北界依兰。

东宁县

本绥芬厅，嗣由宁古塔厅移署于三岔口，因名东宁。唐渤海为率宾府，金属恤品路，明为绥芬河地面，率宾江卫，清光绪三十三年设绥芬厅，宣统二年改名东宁厅，今改县。省东一千四百里，东界俄国之五站，西界宁安，南界珲春，北界额穆。

珲春县

满洲语珲春，边地也。金乌库哩部，《穆宗本纪》：图们、珲春之交乌里部与率宾部起兵，太祖往攻之抚宁诸路是也。明珲春卫、密札卫，清为南荒围场，康熙五十三年设协领，兼管捕獭牲丁，光绪七年增设珲春副都统，宣统元年裁设珲春厅，管密江站以东之地，今改县。省东南一千二百里，东界图们江，西界延吉，南界图们江，北界东宁。

敦化县

俗名敖东城，又名阿克敦城，土人相传为高丽故城。敖东，满语本音作鄂多哩，设治时旧名阿克敦，故称敦化。渤海建州，元置斡朵里万户府，明初建农额勒、赫尔赫河等卫，后为窝集部之赫席赫路。县东有布库哩山，山下有池，相传为天女浴躬吞朱果诞生圣子之说，至清景祖兄弟六人分居，遂号宁古塔贝勒，满语贝勒，部长也。清为额穆赫索罗佐领所辖，光绪八年新筑城于旧城迤东二里，增设县，设巡检一员，今裁。省东南四百七十里，东界延吉，西界吉林，南界桦甸，北界额穆。

额穆县

即额穆赫索罗站，为省城东台站之一。清始祖居鄂谟辉之野，以额穆和湖得名。额穆和即俄摩和变音，满语额穆赫，水滨也，索罗，十人拨戍之所也。元为开元路、海兰路，分张广才岭东西为界，岭东为海兰路，岭西为开元路。明为斡朵里卫、秃屯河卫，同称窝集部。清初设佐领管辖台站旗丁，向属敦化。宣统二年析敦化、宁安、五常之地，增设县。省东三百八十五里，东界宁安，西界五常，南界敦化，北界宁安。

和龙县

地名和龙峪，又名大砬子。明为赇金卫，《明史》永乐五年置赇金等五卫。赇金河即赇吉音河，今县治西阴阳河是也。清光绪十一年开放和龙峪、光霁峪、西步江三处为中韩互市地，韩民越垦日众。二十八年设和龙峪分防经历，属延吉厅，管图们江越垦各地。宣统二年改为县。省东南八百里，东界朝鲜之钟城、会宁等府界，西界奉天之安图，南界图们江朝鲜之茂山府，北界延吉。

依兰道道尹辖境

按：清宣统元年设置，原名依兰兵备道，二年改东北路分巡兵备道，办理边务交涉，兼管依兰等处关税，加参领衔。民国二年改东北路观察使，三年改依兰道道尹，驻依兰，属县十，曰依兰、同江、密山、虎林、绥远、穆棱、方正、桦川、富锦、饶河。又依兰道道尹所辖十县外尚有宝清、勃利、临湖三县，均系宣统元年奏准，俟垦地渐辟人民日众再行设治，民国元年秋徇宝清民人之请暂设分防经历，属同江，二年改为佐治员。

依兰县

地名三姓，为清始祖肇居之地，史称三姓构兵，奉以为主，即此地也。说见前沿革篇。满语依兰喀喇，依兰数之三也，喀喇姓也。今截取上二音，故名。一作茂山，树多也。《元史》：海兰路设万户府五，一曰屯，明为和屯卫，又为野人卫，窝集部属之和屯噶珊之野。清康熙五十四年置协领，雍正十年设副都统，光绪三十二年裁副都统，设依兰府，今改县设经历一员，今裁。省东北一千六百里，东界桦川，西界方正，南界拟设治之勃利，北界松花江。江北即江省之汤源县。

同江县

地名拉哈苏苏，黑斤语老屋之谓，以其地当松黑两江之汇口，故名。金为黑水靺鞨，明季为使犬部，黑哲喀喇世族所居。《柳边纪略》所谓剃发黑斤是也。清光绪年编入旗籍，黑哲即靺鞨之转音，今又变音为黑斤，渤海以后世为靺鞨种族无疑。光绪三十二年设临江州，宣统元年升为临江府，民国二年改县，三年因与奉天省重复，改名同江县，设巡检一员，今裁。省东北千七百八十五里，东界绥远，西界富锦，南界饶河，北界松花江。东界渡江为俄阿穆尔省，西界渡江为江省黑河道治。

密山县

地名蜂密山，设治时部颁发印讹蜜作密，遂仍之。渤海湖州境，明为松阿察河地面，清光绪三十四年设密山府，今改县。省东北一千三百里，东界虎林，西界穆棱，南界俄之都鲁克即快当壁，北界同江。

虎林县

地名呢吗河。呢吗，满语山羊也，因境右岸有七虎林河，故名。一名希呼林河。明为呢吗河、木伦河地面。呢吗河又名尼满河，即奇雅喀喇部，木伦河即今穆棱河。清宣统元年设呢吗厅分防同知，嗣因呢吗河皆在俄境，遂改虎林厅，今改县。省东一千九百里，东界乌苏里江，右岸为俄属，西南界密山，北界饶河。

绥远县

县治在依力嘎山东北，境内三面扼乌苏里、混同江之口。唐渤海勃利州境，金为黑水靺鞨，清宣统二年设州，今改县。省东北一千五百里，东界中俄分界耶字界牌，西界同江，南界饶河，北界混同江。江左为俄阿穆尔省。

穆棱县

因穆棱河中贯县境，故名。又名摩琳，满语谓马为摩琳，以其地素产马也。金为女真别部，《世祖本纪》：拉必、玛察据穆棱水，使阿里罕往抚之，即此地也。明为木伦河卫一作毛怜卫，清初仍称木伦路。《开国方略》：明万历三十九年辛亥秋七月取乌尔固辰、穆棱二路是也。光绪年间，因韩民越垦众多，设穆棱河分防知事，宣统二年改设县。省东北八百一十里，东界东宁，西界宁安、勃利，南界宁安，北界密山。

方正县

地名方正泡。元属呼尔哈万户府，明季属呼尔哈部，清光绪三十三年设大通县于松花江北崇古尔库站，嗣因吉江两省画分，以松花江为界，大通属江省，宣统元年移治松花江南岸方正泡迤南，设方正县，设巡检一员，今裁。省东北九百零五里，东界依兰，西界同宾，南界牡丹江，北界松花江。江北即江省大通县。

桦川县

地名悦来镇，一名苏苏屯，以县境东有桦皮川，故名。渤海以后为靺鞨族所居，即今之黑斤人也。明季为使犬部之音达部路，清天命元年八月招取南岸诺罗部及使犬部之音达埠音达部，即今县境东之音达木河是也。宣统二年设县于佳木斯，三年因水患移治悦来镇。省东北一千三百十八里，东界富锦，西界依兰，南界拟设治之宝清，北界松花江。江北即江省汤源县。

富锦县

地名富克锦，满语作夫替新，今县城即古代黑斤人建筑古砖城。渤海以后世为靺鞨族所居，今县境左右古代留遗之城郭壁垒完全者计有数处。县西八十里有古城曰瓦利活吞满语活吞，城也。县东二百四十里有古城曰乌龙活吞，县西十五里有古城曰夫替活吞，又县南七里星河岸南北对峙有二古城，土人但以对面城呼之，又县西门外有小古城名活吞吉利，大约均为黑斤部落族居之地。清为黑斤人本部，清光绪八年设协领以统新编土著之黑斤人，后设富克锦巡检。宣统二年改设县。省东北一千八百里，东界同江，西界桦川，南界宝清，北界松花江。江北即江省汤源县。

饶河县

以挠力河得名，满语曰诺罗，为禽鸟众多栖集之地，汉音则讹为挠力。明为尼玛河地面，后为窝集部之诺罗路，县境内黑斤人族居，清宣统三年设县。省东一千九百四十里，东界乌苏里江，西界宝清，南界虎林，北界同江。

第三章　山　川

第一节　吉林境内长白山支脉考

长白山为东方诸山之主峰，吉林城东南六百余里，突兀耸秀，树峻极之雄观，萃扶舆之灵气。山之上有潭曰闼门，源深流广，松花江发源于其北，鸭绿江发源于其西，图们江发源于其东，奉吉两省天然界限。山之南麓分为二干，一干西南指者，东至鸭绿江，西至通加江，高丽诸山，皆其支裔也；其一干自西而北，至纳绿窝集复分二支，北支至盛京为天柱、隆业二山，折西为医巫闾山，西支入兴京为启运山，自纳绿窝集而北，袤延四十里，土人呼为果尔敦敏，即长岭也。长白山满语为果勒敏珊延阿林，果勒敏长也，珊延白也，阿林山也。古名不咸山，汉称单单大岭，魏曰盖马大山，后魏曰太白山，又曰徒太、从太、太皇，皆一山也。长白山之名，则自金始，又称白山，俗亦称为白头山，盖以山顶四时集雪故也。回旋盘曲，绵亘数千里。吉林境内之山皆发源于长白山之东北二麓。今将长白山山脉在吉林省之统系者约分三支，以牡丹、松花两江为断，凡在牡丹江以东者，命名为东部；牡丹江以西，松花江以东者，命名为中部，在松花江以西者命名为西部。东部自奉天安图入吉林和龙县之英额岭，经黑山岭，其分岭有鸡冠砬子、城墙砬子、庙岭、牛心山、鸡爪顶子、大岭子。由英额岭而北则为敦化之哈尔巴岭，其分岭有大青背、骆驼砬子，延吉之二青背岭、北大顶子、西四方台、土顶子。

由恰尔巴岭向东北则为义松岭，其分岭有秃老婆岭、烟筒砬子，再东则有老松岭，居延吉、宁安、汪清、东宁四界之区，此山绵亘数百里，实为东北一大支干。由长白山东北百二十里，俗呼为老岭，其分岭南有灯草顶子、烟筒砬子、太平岭汪清县境，东北有关老婆岭、荒顶子、乌拉草顶子东宁县境，西北有马鞍山、卢家屯子、卧龙屯宁安县境，迤东则入穆棱境为穆棱窝集岭，以森林茂密故名。其分岭有狐狸密岭、四个顶子，西北有杆面石黑王岭宁安县境。东北有黄窝集山密山县境。由穆棱窝集岭至依兰之察库兰岭，经哈达岭至密山之奔松子岭，其分岭有发希山，虎林境之七虎林山、半拉窝集山、凉水泉山、苏尔德山。由奔松子岭迤西而北，经对头砬子依兰县境、葛兰棒子山同江县境，至阿尔金山。其分岭有牛心岭子、乌尔根山，其西桦川境有七星砬子、小青背、大青背、哈达密诸山。由阿尔金山迤西北转而东向入富锦境之双崖山，再东北则有别拉音山，又东北为乌尔古力山，同江之西太平长春岭、杨木冈，绥远之太平山转而西北行，有孤山子、小白山，至喀尔布兰山、苏杜立喀兰山，至科勒木山邻韩畸河通江，再东则为耶字界牌，俄之伯力及东海滨省矣。中部则由奉天安图县入吉林敦化县之牡丹岭，即牡丹江发源处也。由牡丹岭西北至敦化、桦甸交界之富尔岭，迤新开岭、三个顶子，其分岭有牛心顶子、太平山、双庙岭、乌松砬子、鸡冠砬子、威虎岭敦化县境，由富尔岭别分一支，有帽儿山、五虎石桦甸县境，及舒兰之玲珰岭、滚马岭，再北则至额穆县之张广才岭，一名长岭，即嵩岭也，东西三十余里，层松饰岩，列柏绮望，绿天树海，蔚为巨观，耸立吉林东部。其山脉散布者，有秃顶子、北洋山、牛心顶子、太平山、琵琶砬子、老黑岭，舒兰县之呼兰岭、大秃顶子、四方顶子、臟舫岭、鞦鞓岭、烟筒砬子。再北则为吉林境之老爷岭南庆岭。由张广才岭迤东北则有宁安、额穆交界之老岭。其分岭有五常之摩天岭、九十五顶子、金坑山、鸡冠砬子、大青顶子、马鞍山。再北则有宁安、五常交界之茨老茅山，宁安之围场荒山，至毕展窝集岭。其分岭有五常之东西蚂蜒窝集岭、鸡爪顶子、四方顶子、大红顶子、二红顶子、索多和山、硕多库山，长寿之牛高岭、样子岭、蚂蜒河岭，长寿山迤北则入方正县之龙爪沟、山东老岭、阿穆达山、城墙砬子、老爷岭、鸟枪岭子、七个顶子、关门咀，北界松花江。其西部则自奉天辉南入吉林之濛江州斐德里山，其分岭有窟窿顶子、七个顶子、半坡山、四方顶子，经三岔岭、二岔岭，至濛江、磐石、桦甸交界之那尔轰岭。其分岭有桦甸之错草岭、大小簸箕冈，由那尔轰岭西北至磐石之呼兰岭。其分岭有官马咀子山、土门岭、杉松岭、老毛山、黑风顶子、羫羊砬子、鸡爪顶子、牛心顶子、磨盘山，迳东西老爷岭、马鬃岭，至库勒岭。其分岭有鸡冠山、猪腰岭、烟筒山、红石砬子、青顶山，伊通县之一步山、老爷岭，双阳之小双顶、将军岭、光僻山、黑顶子，再西北则为伊通边门之克勒山，经马鞍山、摩里青山、黑顶子，至长春之白龙驹山，接奉天之怀德县。此就吉林境内长白山脉之统系，约略具此，其他孤立无联以及零星诸小山，名目繁多不备载，姑从阙焉。

第二节　图们江流域　附图

图们江，在珲春城东南四百里，其南即朝鲜咸镜道，汉之乐浪郡也。出长白山南麓分水岭，东麓曰土门色禽，其源有二：一为正源红丹水，一为分源石乙水。红丹水出小白山正东之三汲泡，泡水东北伏流八里有泉涌出，是为红丹水之源。自泉涌东北二十五里，受柳洞河水，又东流五十里，与石乙水汇焉，是为图们江之正源，亦即吉韩之分界也。石乙水东北流二十里，受红土山水，又东南流二十里，与红丹水汇焉，是为图们江之分源。红丹、石乙二水汇流，以下始为图们江之正流。自江源交汇后，又东流十七里受红溪河，又东流至三江口受西豆水亦称鱼润江，图们江自合西豆江水后水势始盛。又东北流经望台山，受外六道沟、外五道沟、石洞子沟折向东北流，经东景德，又北流经怀庆街，受小钟城崴诸水，北流入汪青县界，迳丰都镇折而东受十三道噶雅河诸水一名噶哈哩河。与朝鲜分界受萨奇库河、三道十圈沟河、石头河，经凉水泉子东入珲春。珲春西南为朝鲜界，东流至黑底入境，又东受乾瞻河，又西北受槟榔沟，北受拐磨子沟，又南迳荒山坡受阴阳河，南流至红旗河口，受红旗河水，又南西岸界朝鲜，南流至大黑岭子，受莲花泡河，经云台山，受圈儿河，又南迳土字界碑出境，经日俄交界注于海。

按：图们江之名称始见于《辽史》，天祚五年命驸马萧特默等将旗兵五十万伐驼门败绩。当时所谓驼门即图们也。《金史·世纪》：景祖兵势稍振，统门水温特赫部来附。所称统门即图们转音耳。前清《圣武记》作图们。《通典》《通考》《一统舆图》，皆称图们俗称土门。何秋涛《朔方备乘》乃作徒门。总之驼统皆图之双声，而土徒又同音之轻重读也。满洲语图们者，众水聚汇有包藏万有之义，图们江源流长千有余里，实为朝鲜与中国天然界水。齐召南《水道提纲》，于图们江下游，除详晰中国国境外，并于江之南岸朝鲜六镇及有名城市均已备载，兹不复赘。

图们江

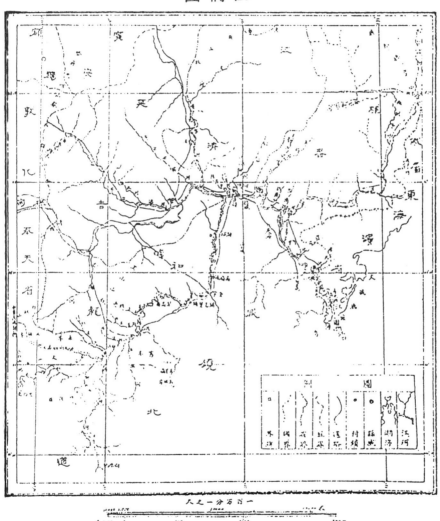

一百万分之一

第三节　松花江流域　附图

　　松花江，本名松阿哩乌拉，满语谓天河也。《魏书·勿吉传》：国有大水，阔三四里，曰速末水。辽曰鸭子河，圣宗太平四年改鸭子河为混同江。《明一统志》：混同江俗呼为宋瓦江，本名宋瓦河，至宣德八年始改为松花江。松花江发源于奉天长白山北，所谓黑水是也。北麓汇诸水，为二道江，西麓汇诸水，为头道江。蜿蜒周折数百里入吉林。由两江口合流，受苇沙沟、色勒河，至烟筒砬子纳辉发河卡伦，又北流受穆奇河，至桦皮甸子，由沙石浒东北流，受海青沟、温德河，至吉林省城南又北流，受牦牛河、兴隆河，经乌拉街至泡子沿，受四家子河，与舒兰交界又北流，至上河湾，五十里入德惠县，与榆树县分界。又西北流经莲泡南直西流，迳鹰山南岸，界蒙古郭尔罗斯前旗，经伯都讷城西南，又约六十里，东分一水，为二道河，又西北至三江口，折成三角形来会古诺尼河，即嫩江也。混同江之名自此始，折东流北岸界黑龙江省，南受拉林河入双城。又东流二百余里，受苇塘沟河、朝阳河入滨江县城北。又屈曲行七十里，受阿什河，至斐克图河入宾县境。又东流受乌尔河、苇子沟河、夹板河、恒道河、淘淇河、摆渡河。又东流四百余里入方正，受蚂蜒河，东北流与黑龙江省分界入依兰县，南会牡丹江受达林河、大小古洞河，又东北二百五十余里入桦川，受小玲珰麦河、音达子河、汶沣河。又东北入富锦受哈达密河、安邦河、柳树河。又东流与俄国分界，经富锦县城一百三十里，入同江与黑龙江合，其交汇处名黑河口。又东流入绥远州城北，会乌苏里江与黑龙江，三江合汇入俄属。

　　按：松花、混同实皆一水，伯都讷以上直称松花江，自三江口与古诺尼江来会，遂以松花、混同为上下游之称。且其地为黑龙会流之处，黑龙、混同声音相类，故《金史·世纪》直云混同江，亦号黑龙江，非无因也。《金史》又云，上京有混同江、鸭子河、宋瓦江。是当时虽属一水已分松花、混同为二名，至所称鸭子河系指长春一隅而言。《唐书·靺鞨传》：粟末之东曰北山部，注他漏河，为今洮儿河，于伯都讷西北境注嫩江，而同入松花江。是唐时粟末之称仅至嫩江而止，并非上下通称也。总之自长白山以下宜称曰松花江，至会嫩江、黑龙达乌苏里三江之水，直定曰混同江。名义符合，确无疑义。《元一统志》以混同江源出长白山，经旧建州西，故上京下达五国头城，东北注海。

　　按：建州今敦化县，上京今宁古塔。是以牡丹江所经之地为混同江，则更误矣。

松 花 江

第四节　牡丹江流域　附图

　　牡丹江，发源敦化县牡丹岭，长白山北径三百余里之干山，东北汇为镜泊湖是也。自东南岭流受四道荒沟、大荒沟、大黄河、小牡丹江、大石头河诸水，经敦化县城南，又北流二百五十里，受风溪河。又其北有虾蟆塘河自西来入之，珊延穆克河自东来入之。又北入额穆县，北流受朱尔德河、大沙河亦号大艫艍河，与雷风溪隔一山合东流数十里与朱尔德河合，折向东流，则都林谷河，自北合数水来入之都林谷河今呼曰都陵河，源出塞齐窝集，南流数十里东岸界宁古塔西受佛多和河。又东流受当石河，又东有塔拉河，合阿拉河一曰阿兰，自北来注之，又东流托罕河、大小空其木河，自东南来注之，又东北数十里，受诸水汇为巨泽，曰毕尔腾湖，即所谓镜泊湖也一作阿卜湖，唐称呼尔海，金称阿卜萨湖，明志作镜泊湖。长七十里，南北径二十余里，牡丹江水入湖之处则在西南，有一崖曰呼克图峰，瀑布高悬，水声坪訇，土人名曰发库满语即瀑布。唐人所谓渤海王城临呼汗海，想即在此处也。湖之南曰南湖头，有夹滨河注之，湖之北曰北湖头，有海兰河一曰骇浪河，诸水注之，出湖口受阿布河、沙兰河、杨木台诸水，东南至京城，受玛展河，经宁安县城，受哈玛河河出城南老松岭，两源歧发曰二道河，曰三道河，合西北流折而北，庙儿岭水自西来注之。沿北流至拉古口迤东，尼叶黑河诸水注之，又北过扁担岭，迳三站受三道河入依兰境。东北迳城墙砬子、东五个顶子，西受乌斯浑卡伦乌斯浑河，又西受尼什哈河，又东北迳松树岭，东受伯勒河，又东北过三姓城西二里许，北入混同江，会流入俄属。

　　按：牡丹江，唐曰忽汗河，金称瑚尔喀罗噶胡里，即呼里改路，元曰忽

牡丹江

圖例

一百万分之一

尔喀路，《明一统志》所谓胡里改江出建州东南山下，东北入镜泊者也。满语称虎尔喀，又作呼尔喀，后人误以兴凯湖为瑚尔喀，非也。兴凯湖在混同江宁古塔东四百里，《明一统志》云，镜泊之北有小湖，曰达巴库是也。瑚尔哈出敦化县，由宁古塔西源流迥别。又齐召南《水道提纲》，以为即按出虎水，今阿勒楚喀河，为完颜故部，在金之上京会宁府，道里悬绝，又岂可执彼以混此哉。

第五节　乌苏里江流域　附图

乌苏里江，一名乌子江，又称戊子江，源出锡赫特山，在宁古塔东珲春南，即渤海东京龙原府，元合兰路属和罗噶里路地也。锡赫特山，为吉林东南部一大分水岭。山东之水入海，山西之水入乌苏里江、混同江，乌苏里江自锡赫特山发源，迳能图山，东受能图河水，又西迳瑚叶昂阿，昂阿满语口也，北瑚叶河，东合小水一自南注焉。又折而北，迳富特勒库山东，瑚尔穆河自东注焉。又北西受伊鲁河，又东北受噶尔玛河入虎林境，会松阿察河，北流与俄国分界，受大小穆棱河，又东北受七虎林河、阿布沁河、大小木克河，又东北受独木河，至外七里星河，入饶河县境，与俄之东海滨省分界，又东北大小别拉抗河自西来注之，又西北受大带河、西北鸡心水河汇之，又西北受小安河、外奇勒沁河，至挠力口受挠力河，又东受固米小河入绥远境，又东北迤折而西受毕拉音河，又西南受毕尔窦河，至窝集口受窝集小河，水由窝集口西分一支流，名通江，入混同江东北正流，入黑龙江与混同江交汇。其中间之地作三角形，混同江、乌苏里江、通江环其三面，中俄耶字界牌立于此，对岸即为俄之伯利。伯利即唐之勃利也。按照咸丰十年条约云，东界定为什勘、额尔古讷两河会处，即顺黑龙江下流至乌苏里江会处，其北边地属

乌苏里江

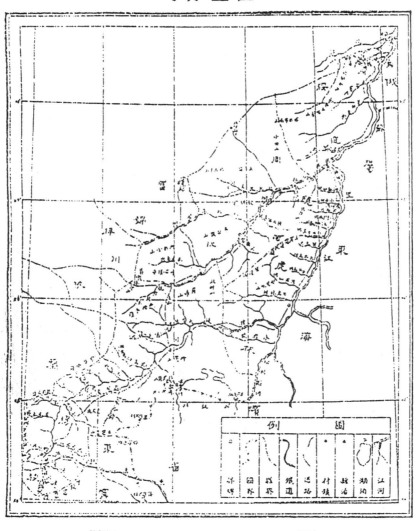

俄罗斯国，其南边地至乌苏里江口，所有地属中国，往时耶字界牌在伯力对岸，俄人迭次擅移，侵占内地八九十里。现在通江口以下，无论南岸、北岸渔猎樵采，皆纳俄税，均非我所有矣。是乌苏里江为中俄天然界限，不以正流为界，而以尾闾处通江之支流为界，国疆交错，视为瓯脱，而任弃之良可慨也。乌苏里河自东南海岸锡赫特山源，流经虎林、饶河、绥远等处，毕会混同江，凡二千四百余里。由此而北即为俄之东海滨省矣。

第四章 政 治

第一节 职 官

行政

吉林为满洲祖居部落，前此无官制可考，清朝定鼎，自顺治十年设昂邦章京于宁古塔，以镇其地。康熙元年改为宁古塔等处将军，十五年移驻吉林，乾隆二十二年改为吉林将军。所辖有副都统、参领、总管、协领、防御、骁骑尉等官，而于吉林、伯都讷、宁古塔、阿勒楚喀、三姓各设副都统一员，至参领以下各官时移时裁，不能细载。将军署则有户、兵、工、刑四司，以及主事笔帖式等官。雍正初年设满御史，不久裁去。民官之设始于老三厅。老三厅者，吉林、伯都讷设理事同知，长春设理事通判，专理旗民词讼交涉事件，然旗民亦有竟诉于协领防御各旗署者。光绪八年，将军铭安奏设吉林分巡道兼按察使，八年，奏请改吉林理事同知为府，改伯都讷为抚民同知，长春为抚民通判兼管旗民，凡旧有旗署不得与闻，地方词讼事旧制已稍有变更，嗣后增设府厅州县，骎骎乎有行政规模矣。光绪三十三年，改东三省为行省，裁将军、都统设总督、巡抚。东三省设总督兼将军事，吉林设巡抚兼都统事，以治旗民。总督驻奉天兼辖吉江两省，吉林巡抚奏事须由总督会衔方能上达。四月，奏请于三省各设行省公署，仿照京都办法，督抚与司道同署办事。公署分设二厅，曰承宣厅，掌一省机要，总汇考核用人各事，曰咨议厅，掌议定法令章制各事。设左右参赞各一员，分设八司，曰交涉，曰旗务，曰蒙务，曰民政，曰提法，曰度支，曰提学，曰劝业，各设司使一员。承宣厅及各司均设分科，每科设佥事及一二三等科员以佐之。咨议厅不设官缺，酌派议员、副议员、顾问官、额外议员。至陆军关系重要，另设督练处，以扩充军政。司法分权，专设提法司理刑法。督抚各设秘书，无定额。此原奏吉省官制之情形也。嗣将原有之吉林分巡道裁撤，增设民政、交涉、提学、度支、提法五司，劝业一道。设民政使司民政使，除掌警政自治等项外，仿各省布政司兼管府厅以下升调补署事，设首科佥事一员，旋裁改总科长，分设五科，曰民治，曰警政，以卫生科附焉，曰疆理，曰营缮，曰庶务，警察有城局、乡局，城巡则设总局，乡巡则设分局，而以地方官为监督，归其节制。省城设有高等警察学校，各属设有教练，所以储警务人材。又有田野之警察，以护民屯垦户；有国际之警察，以保车站、商埠，有山林水道各警务，以安林矿行旅。并饬各村庄编练预备巡警，俾其守望相助，而卫生中之清洁验疫等类，亦时附见焉。交涉则设交涉使司，交涉使专办交涉事件，设首科佥事一员，旋裁改总科长，分设三科，曰互市，曰界约，曰总务，委用科长、科员，另设日、俄、英等语译员。度支则以所有财政各局所及从前之户司并入，设度支使司，度支使管全省财政事务，设首科佥事一员，旋裁改总科长，分设三科，曰总务，曰赋税，曰俸饷。总务科设文牍、稽核、会计、庶务四股。赋税科设粮租、税厘两股，税务科专理收入，俸饷科则专管支出，而以总务集其成。凡司署所设各科，地方府厅州县文件，各以类附属各科办理。改学务处设提学使司，提学使管全省学务，设首科佥事一员，旋裁改总科长，分设四课，曰总务，曰普通，曰会计，曰图书。初吉林科举时代生童、岁科两试，赴奉天寄考，同治九年，经将军奏请奉天学政按临，并准黑龙江生童附试，光绪三十年，省城设全省学务处，先后设师范学堂并小学堂仅六处。近年学务册表计：全省中小学、蒙养、男女师范、女子两等小学、农工商矿等实业学校已有一百余处。至全省民刑设提法使司，提法使掌全省民刑，总汇监督各级审判检审厅及办理司法上行政事务，设首科佥事一员，旋裁改总科长，分设四科，曰总务，曰民事，曰刑事，曰典狱。至劝业一道，则以农工商矿林业各局并入，管全省农工商务及各项交通事务，设首科佥事一员，旋裁改总科长，分设五科，曰总汇科，曰农科，曰工科，曰商科，曰邮传科。总汇掌拟订各项章程，掌管文件及办理会计庶务各事宜。农科掌屯垦、农田水利、蚕桑、水产、森林、畜牧、狩猎各事。工科掌工艺、机械制造、检定度量，及矿务事宜。商科掌商会、商标、保险及公司注册各事。邮传科掌铁路、航路、邮政、电报、文报各事，凡道属各局及地方府厅州县文件，均以类附属各科办事。旗务暂不设司，以旧有兵司与调查旗务并改为旗务处，设总理、协理、帮办各一员，仿照奉天旗务处，各设分科，画为四股，曰仪制，掌管朝贺、典礼、陈设祭品、常年例贡、例请筵表各事，曰军衡，掌管旗员升调、补署、军政京察、挑补兵缺、驿站马政各事，曰稽赋，掌管旗属官兵俸饷、红白恤赏、随缺地亩、征收旗地各项租赋、添置牛具，并田房税契、旗丁户口、三代册籍等事，曰庶务，掌管调查旗丁职业、贫富筹画、归农、劝学、宜讲筹办实业、逐日收发文件、监用关防、出纳款项及各项杂务等事。设正管股五员，帮管股十一员，额外帮管股一员，由部发给木质关防，文曰吉林全省旗务处之关防。以旧有鸟枪营署为吉林全省旗务处，改股为科。蒙务处以奉天已有东三省蒙务总局，则吉林蒙务处即以旗务总理兼办，并派协理一员，余酌设文牍、翻译等员。参赞所领之承宣、咨议两厅，暂不设缺，由秘书文案处办理，以从前之印务并入，暂就抚署改设行省公署办事处，另立印信，并订规则。三十四年三月起，每日午后两时，各司道齐集公署，遇有应行酌议事件，即时面请督抚示遵办理，每件应归某司道承办，即由本员交各科员拟稿呈判，各府州厅县除刑名案件由提法司勘转外，余皆迳达公署毋须分详分禀，一洗从前散漫牵制积习。宣统元年，复定省外官制，旧有吉林、珲春、三姓、伯都讷、宁古塔、阿勒楚喀各副都统先后裁撤，长春于三十三年已设长春分巡兵备道，是年增设滨江、珲春、依兰分巡兵备道，兼办交涉边务及有关监督关税。二年，改为西南、西北、东南、东北四路分巡兵备道，分辖新添及原有府厅州县各府，亦不设首县，自理地方事以祛层累积压之弊。计府十一，曰吉林、长春、双城、新城、五常、宾州、延吉、宁安、依兰、密山、临江，直隶州一曰伊通，直隶厅一曰榆树，抚民同知一曰珲春，分防同知二曰滨江、虎林，抚民通判一曰东宁，州二曰濛江、绥远，缓设州一曰宝清，县十八，曰磐石、桦甸、舒兰、双阳、农安、德惠、长岭、长寿、阿城、和龙、汪清、敦化、额穆、方正、穆棱、桦川、富锦、饶河，缓设县二，曰勃利、临湖；分防州同一，赫尔苏州同；府经历六，吉林、长春、新城、五常、依兰、宝清；巡检九，农安、磐石、双城、宾州、五常、榆树、滨江、敦化、方正；分防巡检三，拉林分防、蓝彩桥分防、一面坡分防；典史一长寿，主簿一长岭县新安，吏目一伊通。此前清吉省职官之大概也。民国肇建，政治改革，吉林巡抚改称都督，画分省治，不受辖于奉天。二年，军民分治，都督专治军事，设民政长为行政长官。吉林则以民政长兼都督事，画一行政官厅制，公署设总务处，秘书科长、科员、技正，改民政司为内务司，度支司为财政司，提学司为教育司，劝业道为实业司，各司仍分司任事，均为佐治官，与各县无直接公牍，亦无印信。提法司一缺，司法独立，不属行政范围，由司法部改称司法筹备处，旋裁交涉司，由外交部改为特派吉林交涉员，专办交涉。财政部复添设国税厅筹备处，专司征收国税。四路道改称观察使，府厅州统改称县，以昭画一。所有府厅州县所属之州同、经历、巡检、吏目、典史、主簿一律裁撤，仅留赫尔苏州同、新安主簿、宝清分防，经历均改为分治员，以资佐治。三年，改民政长为巡按使，管辖全省民政各官及巡防警备等队，受政府特别委任，监督财政及司法行政暨其他特别官署之行政事务。裁内务、教育、财政、实业四司。公署设政务厅，置厅长一员，掌政务厅事务，内设总务、内务、教育、实业各科，改科长为主任科员。主稿由巡按使自委掾属佐理各项文牍事务。四路观察使改为道尹，受巡按使委任，监督财政及司法、行政事务。西南路为吉长道道尹，西北路为滨江道道尹，东南路为延吉道道尹，东北路为依兰道道尹。分辖各县一如旧制焉。

司法

吉林刑名词讼，向由将军署之刑司核转。光绪八年，设吉林分巡道，将吉林、伊通、敦化、长春、农安、伯都讷、五常、宾州、双城等处民刑案件改归该道核转，而各城所属旗人案件，仍由副都统迳达将军署刑司核办。二十二年，将行营发审局所设之裁判所改为高级审判厅。三十三年，设吉林提法使，掌全省民刑总汇，监督各级审判检察厅，及办理司法上行政事务，设总务、民事、刑事、典狱各科。次年复将刑司裁撤归并，按照新章，将行政、司法画分。原有高级审判厅，改为吉林地方审判厅，另设高等审判厅办理全省上控案件，设地方审判厅，第一、第二初级审判厅办理地方诉讼案件，各厅附设各级检察厅，以维持监督之，设高等审判厅丞、高等检察厅长、推事等官，地方审判、检察等官，由吉林推广，长春、宾州、延吉、农安、新城、依兰各属，并设模范监狱、罪犯习艺所、审判讲习所、检验学习所，旋改司法养成所，又设司法会议厅。宣统三年，宾州、农安、新城、依兰各审判厅先后停办，改设帮审员。民国元年，改高等审判厅丞为审判厅长，改提法司为司法筹备处。二年，裁司法筹备处。

财政

吉林财政向隶将军署户司，而局所纷歧杂出，事权不一，有山海土税局、烟酒木税局、饷捐局、粮饷处、木植公司、官帖局、官参局，参药税局、宝吉银元局。自光绪三十三年，设度支司使度支使，设总务、赋税、税务、俸饷四科，将从前军署户司裁撤，所有租赋、仓粮、银库、旗营、官兵俸饷及各项财政出纳事，均归统一。各局有已归并、未归并者，局虽仍旧均隶司属。民国二年，改财政司，是年财政部并设国税厅筹备处，专司征收国税。财政司仅管勾稽簿册而已。三年，裁国税厅筹备处，裁财政司，另设财政厅，设厅长一员，隶财政部，受巡按使监督。全省财政事务仍掌管焉。

军政

吉林自光绪三十二年，将军达桂创设常备军，按照新军军制应于省会地方设立督练公所，并恭仿北洋章程，以本省将军为督办，以下设参议一员，兵备、参谋、教练三处总办各一员，并于三处分设帮办提调各一员，文案各二员；兵备处分设考功、执法、筹备、军需、医务五股；参谋处分设谋略、调查、运输、测绘四股；教练处分设教育、校兵二股。每股股员二员，各分职掌。三十三年，准陆军咨：以吉林创练常备军仅止步队一协，遽援照陆军一镇以上章制，设立督练公所未免稍涉铺张，应改为兵备处，就近督练。于是三处有归并兵备处之议。是年改建行省，以东三省陆军应归统一，奉天创设督练处，以吉林原设之督练公所并入，改为吉林兵备处，兼理参谋、教练事宜，以总督为总办，吉林巡抚为会办，设兵备、参谋、教练、总办一员，帮办一员。三十四年，改三处总办为帮办，改各股为科。宣统元年，裁参谋、教练两处，帮办归兵备处兼理，改为督练分所。二年十月，改编成陆军一镇，参谋、教练两处复先后分委帮办。三年，改兵备参谋为参议官、参谋官。参谋官由军咨府奏派，吉林设参议官兼参谋官。改编为三局，曰粮饷局，曰筹备局，曰军械局，各设局长一员，一二三等科员书记等官。民国元年，改巡抚为都督，画分省治，吉林督练公所治军事归吉林都督，不受辖于奉天。二年，军民分治，都督专理军事，吉林则以民政长兼都督事，督练公所改称都督府，八月裁吉林都督，归奉天都督兼任。三年，改奉天都督为镇安上将军，督理军务，吉林设镇安左将军，督理军务，改都督府为将军署，仍隶奉天。

外交

吉林自光绪二十二年将军延茂以吉省边界与日韩俄接壤，时有交涉，奏设吉林交涉总局于省城，凡边务、矿税、森林之事，路电租借等类，皆隶焉。二十五年，以哈尔滨为吉江两省紧要门户，又为东清铁路总支线集合适中之地，俄总监工拟设铁路公司，乃奏设铁路交涉总局于哈尔滨，并设分局于沿线各处，派员分理地方税务，铁路警局亦附属焉。遇有华俄讼事由公司派员会审。三十二年，吉江两省将军会奏，请于哈尔滨添设道员，专办交涉并征关税，故滨江道兼交涉局会办。三十三年，督抚会奏，吉林省城、长春、哈尔滨开辟商埠，长春设交涉局，以长春府为总理。三月建行省，改省城交涉总局为交涉司署，而哈尔滨交涉局附之，长春交涉局归并西南路道兼办，吉林设交涉使司交涉使，设互市、界约、总管各科，另设日、俄、英等语译员。民国二年，各省交涉归外交部专办，改为外交部特派吉林交涉员，长春、哈尔滨添设交涉员。本年十月，裁长春、哈尔滨交涉员。三年，以四路道道尹仍兼交涉员，办理交涉事宜。

第二节 兵 制

吉林，东西四千余里，南北二千余里。东北与韩俄水陆毗连，边防要地，须驻重兵戍守。南跨长白山外直达朝鲜，袤延奥衍，林密山深，盗贼充斥，素为逋逃渊薮，兵至则藏，兵退则出，此拿彼窜，豕突狼奔，穷追则路僻未谙，分防亦力难兼顾，内虞伏莽，外迫强邻，此地势之难以控制，而兵事不可不讲也。吉省兵制，除八旗驻防外，有练军，有吉字营。练军有靖边军、捕盗军之名目。练兵之创始于同治六年，为专办马贼而设。将军富明阿奏准，就通省内外各城额兵西丹选练。至光绪三年，规制始备，计马队二千，分为七起，每起名为四札兰。步队七百有奇，以札兰分者四，为数四百六十有九，皆以全营翼长统之。其下有总理、会办、统领各级，其兵分驻各城镇，自一二十、数十百人，零星散布，虚声镇慑而已。光绪十一年，以筹备东三省边防，于本省练军外，招练新军，名吉字营练军。特简练兵大臣会同各将军分别办理。时福州将军穆图善实始其事，初年挑选兵丹五千人成军，次年撤半归旗，续调二千五百人补之。又次年再撤半归旗，续调二千五百人补之，期以三年成练军一万人，更番加练，周而复始。其兵制分左右两翼。练军营除练兵大臣，以下有总统、帮统、营务、总办。左右翼两军各设统领一员，左右马队各一营，步队四营。每营二百五十名，隶海军衙门管理，饷械亦由海军衙门关领。并由京师神机营王大臣奏请，仿照从前伊犁养兵之费，半资屯田之法，以旗汉兵每年分拨四成屯田，六成差操。更番为之，庶可持久。吉林荒地极多，借使于经制兵内，仿伊犁成法，抽调若干成，授地垦荒，凿渠灌溉，以资生计等语，是犹古者寓兵于农之意，法至善也，乃卒未能行。原定换班之期，大臣按临，会将军选调兵丹，以合于营制，总统、帮统躬亲其役，季课月校，稽其勤惰。乃换班之始，大臣穆善图遽以疾卒，以黑龙江将军代之。后数年来大臣并不亲行，每岁冬操，遣总统一人来吉，阅视一年之事，数日而毕，草草从事，赏罚视为具文，有名无实而已。先是光绪六年，将军铭安与三品卿吴大澂先后奏请添练防军，名曰靖边军，专为边防而设。原练步马队五千人，嗣库伦办事大臣喜昌奏请续练五千人。喜昌旋以一千人带赴库伦，吉林实有防军九千人。七年，铭安奏裁二千，实以七千人分防宁古塔、三姓、珲春要隘。以吴大澂为督办，立巩、卫、绥、安及靖边各军之名。十年，吴大澂调往北洋，选带马步三千人前赴天津，其督办边防事宜，以吉林将军兼之。初时练队皆湘淮劲勇，将军希元兼督办，招募本处西丹，以足吴大澂带往天津之数，并撤去巩、卫、绥、安名目，专以靖边为名，分为五路，嗣后有缺，即以旗丁补之，于是防营无不西丹。其营制初定仿湘淮军，步队五百人，马队二百五十人为一营。十一年，裁减勇数中、前、左、右四路并亲军，步队以四百五十人、马队以二百五十人为一营，惟后路三营，以地要兵单，仍如原定之数。此外将军长顺、达桂先后募捕盗军、吉胜、吉南、吉强等军三十营。捕盗军专办剿匪，吉强军专驻延吉、图们江北岸。前此拨分靖边军九营驻扎珲春，盖注重防俄，吉强军则专防韩民之不靖也。三十三年，征有陆军步队一协，三十四年，改捕盗、吉胜等军为巡防，马步三十三营分中、左、右、前、后五路，分驻各处。其营制仿各省巡防。宣统二年，改编军制，经督抚会奏，以延吉关系边防紧要，前路一军巡防，驻防延吉暂缓改编外，其余中、左、右、后四路，连同原有步队一协，一并改编成镇，以记名提督孟恩远暂充统制。当经陆军部核准定为三十三镇，后改称师。三年，武昌起义，人心惶惑，因防范盗匪，招募六营，名曰新练巡防营，驻扎长春。民国二年，寻将新练巡防改编混成一协。此前后三十余年吉省兵制之大情形也。

　　按：吉省幅员辽廓，又系边塞要冲，时有鞭长莫及之虑。当宣统二年，督抚会奏时，内称吉省至少非练陆军三镇不敷分布，以一镇驻扎三姓、临江东北一带，一镇驻扎延吉、珲春东南一带，更以其余一镇分扎内地，为防剿胡匪之用，庶几边腹相联，缓急可恃等语。查吉林东北与俄之东海滨省毗连，俄驻重兵于海参崴、双城子，又别屯师于岩杵河、摩阔威诸处，而以驻扎伯力总督联络其间。简练军实，建造营房，不遗余力，近且逼珲春为垒，开通图们江北岸，以窥朝鲜北境，行船松花江，以窥三姓上游。至延吉、珲春，其西南接朝鲜之庆源、庆兴两府，一苇可航，毫无障得。三姓水路，上距伯都讷之三岔口一千余里，自三岔口西南，陆路由蒙古郭尔罗斯界，经蒙古草地，直抵奉天之法库边门，更为便利。是驻重兵于三姓、延吉等处，一以保护朝鲜北境，一以屏蔽我松花江上游腹地，非有两镇之师不足以资控扼。惟现在饷项支绌，业已竭泽而渔，惟有实行征兵政策，编伍成军，授地垦荒，仿屯田之法，将来日渐推广，作为常备之军，有事则用以征调，平时则资以捍卫，于筹防节饷之中，寓移民实边之意，亦可潜消内患，外御强邻，一举而三善备焉。是所望于当轴者。

第三节　交　涉

中韩图们江勘界始末

　　图们江为中韩两国天然界水。前清之世，屡生界务交涉。自康熙五十一年，遣乌拉总管穆克登查边，至长白山岭，审视鸭绿、图们两江之源，俱发轫于分水岭。岭之西为鸭绿江源，岭之东为图们江源，故于分水岭上立碑，曰"审视碑"。后为韩民移至长白山东南麓。穆既寻得图们江源，遂与朝鲜接伴使朴权等，自江源至近茂山处，设界栅以杜侵越。以土门江西南属朝鲜，东北属中国，即以此为吉韩界水。在茂山、惠山相近无水之地，勘定界址，志标共守，使众人知有边界。按：朝鲜之惠山镇治在小白山东南，茂山府治居三江口东南，既曰与茂山相近，则此间之界，自当顺小白山南，以东至三江口，其上有红丹水，发源于分水岭之三汲泡，于此立碑，与东为土门，西为鸭绿江之语，适相符合。是由三汲泡顺红丹水以至三江口，确为吉韩分界之线。乃韩民预为侵界地步，移至长白山东南麓，与红土山水源相对，故后执红土山水为图们江源，即据于此。并谓土门、豆满两江之间作为荒地，海兰河、布尔哈通河即土门河，亦即交界江。又于长白山北之东麓，有石堆数十，皆顺黄花松沟子两岸黄花松沟子韩鲜名伊嘎力，为松花江之上游，遂指为吉韩分界之据。光绪初年，图们江一带韩民越垦日益繁多，七年，吉林将军铭安督办边务，吴大澂奏准，将韩民分归珲春、敦化管辖，入我版籍。八年，韩王奏垦，愿将流民刷还。九年，韩遣经略鱼允中招来吉林、珲春等处流民，彼流民恋兹乐土，乃欲利其混界之辞，以缓其刷民之令，饰词强辩冀免驱逐。我边臣再三争辩。十一年，韩王以勘界请清廷允之。于是派珲春协领德玉，督理吉林、韩鲜商务委员秦瑛，招垦局委员贾元桂，会同朝鲜安边府李重夏复勘江源。查明图们江源有三：南源为西豆水，正源为红丹水，北源为红土山水。惟红丹水在白山东，正对鸭绿江源，与碑文东鸭绿，西土门之意相合，且勘明原碑应在三汲泡之分水岭上，今碑实为后人所移，因定以红丹水为界。韩人知江已勘明，乃改而専执长白山北之碑堆为据，舍江流而求土门，舍图们江源而求松花江源。我员知终难语屈，遂各绘图而罢。十二年，更派德玉、秦瑛、方朗会同韩使李重夏复勘。韩使自知理屈，多方推延。至十年始，同再勘茂山以西之江界，是时茂山东业已勘定，无异议，适又查出石乙一水为图们江北源，虽非江源之正，略与原界不合，而发源处尚在白山东麓。我员见图们江界既已勘明，所未决者，不过源头数水，意在从速了事，遂欲姑让数十里，循石乙水为界，乃韩使已知前此所指海兰河、布尔哈通河即土门河，亦即交界江之说，与图们、豆满为二江之误，不能强执，遂又改而争红土山之一小水，以为图们之源。是其无据之说，至此已三变矣。是时韩官金允桢笔述土门江事，曰："土门、图们不须论，如不获已，从贾元桂之论贾论未详。又由中朝不欲以碑为证，只从江源定界，土门、图们、豆满果系一江，变音则只当以豆满一带限南北，而为江源有数处，其一西豆水，若以此水源流为定，则茂山一境半属中国。其一红丹水，若以此为定，则茂山之长坡草村属于中国，均无此理。其一红土山水，此水距碑下土堆尽属杉浦，约四十里，白山水伏流至此出现，流入豆满江，此水即茂山边界，红丹水以南依旧属之茂山，以北属之中国，两无相失，各得其平。夫红土山水即为石乙水北之小水。彼既知须勘江源，不指石乙水为界，而乃专欲以最北之小水为界，是仍假持平之论，以隐寓侵界之谋。然自此，但争水源不及其他矣。"是年，勘界员德玉、秦瑛、方朗禀复勘吉韩界务情形于吉林将军，云：原勘只有西豆、红丹、红土三水，合此次寻出之石乙水共有四流。又云：此次该府使目见红土山水不接，与碑堆又两不相贯，即董棚南面向东北流之水，亦与碑堆不相关涉，知非当年旧界，只因政府授意未能作主，可否仰恳宪台详加察核，转咨总署奏明，请旨定界。再界址定后，遵当另立界碑，申明旧界。

所有穆克登所立之碑即与界址不相关涉，而土堆又相引至松花江岸上，此时若不将此碑毁去，仍恐将来别生枝节，且于松花江有碍。如以石乙水源定界，则自小白山北东麓起，至茂山城止，自应摘要立碑，庶几界划分明等语，并拟"华夏金汤固河山带砺长"十界碑处。华字碑立于小白山岭，夏字碑立于小白山东麓沟口，距华字碑十五里，金字碑立于黄花松甸子头接沟处，距夏字碑二十二里，汤字碑立于黄花松甸子尽处水沟，距金字碑五里，固字碑立于石乙水水源出处，距汤字碑十二里，河字碑立于石乙、红土两水汇流处，距汤字碑四十一里，山字碑立于长坡浮桥南岸，距河字碑八十八里，带字碑立于石乙、红丹两水汇流处，距山字二十三里，砺字碑立于三江口之图们江、西豆水汇流处，距带字碑三十六里，长字碑立于图们江、朴河汇流处，距砺字碑三十一里。是年，总署即奏请复勘，奉旨依议。而该国则故意延宕，再三催促，韩使李重夏始会同往勘。及再勘时，我员秦瑛以石乙水为定界，彼仍执红土山水为言，往来谈判，照旧阅月细商，两相争执，以致所拟界碑迄未能立。甲午，以日人因韩与我构衅，后强使韩之自立，已伏并吞之意。此后韩国对外关系主权已属于日。三十年，中韩两国俱欲派员会勘界务，永息争端，而日本以日俄战役为词，百端阻遏勘界之议，因之中止。乃战役既终，日人所绘地图，如阪本嘉马纪念大地图、龟井忠一最新满韩地图，皆将朝鲜国界拓入我国领土之内。三十三年，日人遂有派员越境之举，借口马贼及无赖之凌虐，遣斋藤入我领土保护韩民。并不俟我国之允许，先行派员，后始照会。我国饬其撤回，坚执不允，与之交涉，至宣统元年七月，日本使伊吉院彦吉与我外部尚书梁敦彦在京定约七条，大旨以图们江为两国之界。其江源地方，自订界碑至石乙水为界，开放龙井村四处为商埠，日本设领事馆住之。所有江北越垦韩民裁判法权仍归中国，日本可派员听审，应纳税项与一切行政，皆与中国民同。日本统监府派出文武各员，限两月撤退。彼此签约盖印，而数百年未清之界务，至此迁就始定。综旨以上所列案据，其因循辗转，贻误事机，约有三期：自光绪九年，以豆满、土门、图们、土门为二之说，互相争执，往复辩论，迄无归宿。至十一年、十三年，一再复勘，源委既明，即当审定界址，竖立碑据，以杜纠葛。乃于红土、石乙两小水相持不决，转成疑案，种种狡赖，缘此而生，其误一也。图们江以北为控制朝鲜要害，前清视为发祥重地，悉为封禁，致使神皋奥区，夷为榛莽，平原沃野未能繁殖，地有余利，邻人生心，而韩民以国土逼狭，无地可容，是以越垦众多，遂百方狡展希图混界，但知目前之私利，而不顾他人之伺其后者。日人利用其说，遂妄指为未经确定之领土，而我于沿江数百里，听其自由移住，毫无限制，喧宾夺主，几有尾大不掉之势，其误二也。法律行政，国有主权，我国往时对于朝民毫无法律之裁制，韩民之移入我国者，亦无国籍之区别，俨成一化外之民族。民事、刑事无裁判权，间有犯法韩民，仍是送韩官办理，是自弃其法权，何怪日人之借口保护，以侵我领土主权，其误三也。今者，韩社已墟，壤地犹错，昔为藩服，今则强邻。况日人恒有言曰："开发东三省富源者，日本国民之天职也。"南满经营势力膨胀，主客之势已成倒置。日人之私计将欲划吉林东清铁路干线以南纵横数千里之地，悉入范围，而以图们江一带为着手之起点。盖既羡其土地之沃饶，矿产之美富，森林之茂殖，渔猎之利薮，其地势形便，若据有图们江北，则江以南可永固无患，且以附海参崴之背，而断俄人之右臂，以占进攻退守之优胜地步，将来得陇望蜀，势所必有，此固有识者共见也。我惟先事预防，以巩固东亚大陆现有之实权，勿使日人先我著鞭也。

中俄勘界始末

　　吉林地处边陲，东南界朝鲜，东北毗连俄境，界居两国之间，华夷交错，被山带河，为东北屏蔽。自日俄战后，俄人经营旅顺者一蹶而落入日人之手，南满政策又为日人占据，几有不能南下牧马之势。于是高掌远撅注重北满，冀以收亡羊补牢之助。此俄人所以处心积虑，思以侵略我东北利权者也。我国与俄地相接，门户洞开，藩篱尽撤，俄人之入我堂奥，骎骎乎有反客为主之势。追原祸始，边疆偾事不自今日始也。自清廷康熙二十八年，俄罗刹侵扰我黑龙江、松花江一带，出师讨之，底平与俄媾和，收回雅克萨徼地，立碑额尔古纳河畔，遣内大臣索额图与俄费岳多议，划兴安岭至海为界，以乌底河以南至索伦河为瓯脱地，是为尼布楚之约互相遵守二百余年，未有侵暴之患，是即清廷与俄定界之始，亦吉林与俄分界之始也。咸丰初年，值洪杨之变，俄人乘我多事，发生边界问题，咸丰四年，俄人托词防英吉利，带兵乘船驶入阔吞、博勒奇吉各屯，及费雅喀人等所居，伐木通道，建筑炮台，将庙儿地旧有分界石凿毁。五月，吉林、黑龙江、库伦三省委员在阔吞屯地方与俄使木里斐岳幅会勘。俄人指出：格尔毕齐河口起，至兴安岭阳面各河口止，俱俄罗斯界。欲将黑龙江、松花江左岸以及海口分给该国保护。七年，俄使普提雅廷赴黑龙江，与黑龙江将军奕山会同查勘，奉谕所有海兰泡、阔吞屯、精奇哩等处，俄人盖房占住，饬其先行撤回。是年冬间，英、佛称兵占据广东省城，俄使普提雅廷忽与米夷照会，内附呈咨照军机处，中称：分界地址兴安岭并非直达东海，不能分作两国边界，应以黑龙江左岸为俄边界，中国满汉人等，悉移右岸。又欲将乌苏哩河下游右岸入海河汊分作海岸，即以海岸为断等语。不知中国与该国以格尔毕齐河、兴安岭分界百余年，并无更改，忽称兴安岭不通东海，欲另辟一直达东海之路，以便人船来往。八年，奕山与俄使木哩斐岳幅至黑龙江会议。俄使以黑龙江一带均系俄国地方，现在江左满洲屯户均应迁至江右。又云：两国界址自河比奈岭迤东至额尔古讷河入黑龙江，乌苏哩江、松花江至海，凡沿河各岸一半可属中国，一半可属俄国，江内只准我两国人行船，他国船不能往来。奕山与之争执，次日俄使复递文云：今将黑龙江左岸，北自精奇里河，南至霍勒莫尔津屯，其中原居满洲屯户仍令照旧永远安居，其余空旷地方，均与俄国为界，以便屯兵防范英人为请。奕山当以所议各节，与我屯丁耕作生计无妨，惟文内以河为界字样应宜删改。该使大怒，是夜左岸炮声不绝，陆屯水船号火极明。奕山慑于兵威，其余松花江、乌苏里江、绥芬河距兴安岭之远近亦尚未能悉，概行允许约内。并云：由乌苏哩江往彼至海，所有之地如同接连两国交界，明定之间地方，作为两管之地。当时冒昧画押，是为《瑷珲条约》。于是开门揖盗，自此沿江无要害矣。七月，俄人闯越黑河口，欲由松花江西上，又欲将乌苏里河至海，为中国与该国同管之地，并在乌苏里右岸，图勒密山向西，安设炮台，并欲在河内上下，左右岸至牤牛河一带，盖房修道。奕山遂派副都统富隆额图带同佐领三隆，亲赴绥芬、乌苏里等处履勘。适景淳亦奉命勘松花江、乌苏里江、绥芬河一带是否空旷地方能照黑龙江办理。而副都统吉拉明阿遂许俄使木哩斐岳幅，于冰泮时驰往绥芬、乌苏里查勘，再立界碑。而原立字约十四条，有二年后差学生到俄国学艺等语，当将吉拉明阿撤任。九年，俄使石沙木勒幅等声称系木哩斐岳幅遣赴兴凯湖勘办乌里苏、绥芬等处地界，命署吉林将军特普钦督同署三姓副都统富尼扬阿，晓谕俄使兴凯湖等处本不与俄连界，无可会勘。俄使以前约内有乌苏里河至海，为中俄同管之地，再三辩驳，俄终不允。三月，特普钦奏俄国人船欲赴三姓贸易，又在乌苏里江建房垦地，俄使木哩斐岳幅遣员随带兵船由水陆分赴珲春，并强赴兴凯湖、乌苏里、绥芬河地，清廷震怒，奕山革职，吉拉明阿以擅许勘界拿赴乌苏里地方枷号示众。十月，俄使复往黑龙江城，遣副都统爱伸泰至海兰泡与之会晤，富尼扬阿亦随至瑷珲会晤，详为开导，以示绥芬、乌苏里等处不肯轻让之意。十年九月，奕山奏俄使照会，请派大员商酌，嗣奉命云，该国要求本在意中，所称未了之事，即令瑞常等，告以绥芬、乌苏里等处，均照奇吉阔屯之例，借与居住。十月，奕䜣奏俄约已换，惟地图一分系绥芬、乌苏里河分界之据，前定条约曾添入空旷之地，遇有中国人住渔猎之处，俄人均不得占之语，一经画押漫无限制，明春须派员互勘，未即画押，旋派仓场侍郎成琦驰往吉林，会同景淳办理，在乌苏里河口会齐，遂议自乌苏里江口而南，上至兴凯湖，以乌苏里江及松阿察河作为中俄交界，其二河迤东之地属俄罗斯，迤西之地属中国，自松阿察河之源逾兴凯湖直至白棱河口，顺山岭至瑚布图河，再由瑚布图河口顺珲春河及海中间之岭，至图们江口，其东属俄，其西皆属中国。盖实让地二千七百里，而俄界已渐逼临矣。是为《天津之约》，约文与下牌文略同。十一年，成琦、景淳与俄使阿迪米拉勒喀咱切斐齐会勘，由乌苏里江至图们江口界址，共立界牌八处，曰耶字、亦字、喀字、拉字、那字、倭字、帕字、土字。作记绘图，画押钤印，彼此互换，俾永遵守。并勒牌文云：此次会同查勘分界，原为两国和好，今地界既经议定，自应按照上年续定条约设立界牌，以清界线。东界定为由什勒喀、额尔古讷两河会处，即顺黑龙江下流至乌苏里河会处，其北边地属俄罗斯国，其南边地至乌苏里河口所有地方属中国；自乌苏里江口南至图们江口，其东皆属俄罗斯国，其西皆属中国。上所言乃空旷之地，遇有国人住之处，乃中国人所占渔猎之地，俄国均不得占，仍准中国人照常渔猎。从立界牌之后永无更改，并无侵占附近及他处之地。所有东边界内原住之中国人民，其向来谋生出入行走之路，应听其便，俄国人不得拦阻。为此特立界牌，永远遵守，两国人民咸各知之，勿违。自立界牌后至光绪十三年，命太仆寺卿吴大澂，会同副都统依克唐阿，赴俄境岩杵河俄使馆，会同俄使巴拉诺夫、舒利经、克拉多、马秋宁勘界。旋奏云：查土字界牌不知何年毁失，无从查究，自珲春河至图们江口五百里余，竟无界牌一个，黑顶子濒江一带久被俄人侵占，议定展界在沙草峰南，越岭而下，至平冈尽处，竖立土字牌，再旧图八处内拉字、那字两牌之间，有玛字界牌，记文则缺而未立，条约内帕字、土字两牌之间有拉、萨二字界牌，地图记文略而不详，现应补立。旧立木牌年久易于朽坏，乡民有烧荒之例，野火所焚延及牌木难免毁损，改用石牌较为坚固。至两国交界地段太长，牌博中间相去甚远，路径纷岐，山林丛杂，本未立牌之地难免越界之人，自宜酌择要地，多立封堆，挖沟为记，奏入允准。后遂与两使勘界，前后共立界牌十一个，计立封堆记号二十六处，绘图画押钤印互换，此屡次中俄分界之大要也。综观以上各节，知俄之思欲侵削满洲，得寸进尺已非一日，而我之劫盟缩地败坏边事，皆由于一二觍颜之庸员。约而言之可分三期：一在康熙年索额图与俄所订尼布楚之约，轻弃兴安岭北麓东注海之地，与俄并以乌底河至索伦为瓯脱地，而黑龙江上游之形势已俄人居高驭下，遂开铁骑南下之渐，是为第一期失败之地。咸丰八年，奕山《瑷珲之约》，又割黑龙江东北数千里，兴安岭南尽入俄国，乌苏里江沿江各河复为两国共管，并许以乌苏里、松花两江航路权，于是吉江之屏蔽尽失，而俄人远东政策遂侵入吉省，自此东陲无安宁之日，是为第二期失败之地。咸丰十年，奕䜣《天津之约》，以绥芬、乌苏里河为界，自图们江以东沿海二千七百余里尽失，尤可惜者海参崴一港，不独为吉林东南部之关系，我国欲振兴东亚之海权必凭借此港为海军座地，且足以制俄东海之势力。自此港落于俄人之手，而东方水陆两路之根据尽失，是为第三期失败之地。嗟呼，乌苏里江沿岸俄之阿穆尔省、东海滨省孰非吾向者之故土耶，赫赫版图今竟为俄人经营，重镇之区而不入我境，则榛芜如故也，墟落如故也，彼国人民并时有越境而取我物产之菁华，盗憎主人，可为浩叹。虽然前车已覆，来轸方遒，一着之输，全盘皆负，毋使神州膏腴之产，唾手而委弃于虎狼之族，筹国防者其加意焉。

土字界牌

珲春属界，距图们江三十里。按：此界牌早经毁失。吴大澂与俄使勘界时，俄使仅就咸丰十一年成琦所换地图上界线尽处，为原立土字界牌之所。惟是年所换地图内，英尺一寸系俄里二十余里，以中国里数计之，实系四十五里，惟条约内云，两国交界与图们江之会处及该江口，相距不过二十里。而两国交界道路记内亦云，图们江左边距海不过三十里立界牌一个，上写俄国土字头。查十一年所立土字界牌之地，并未照准条约记文二十里之说，遂指海滩二十里，俄人谓之海河，除去海河二十里方是江口，吴大澂以为江口即海口，再三辩论，始允于沙草峰南越岭而下至半冈尽处竖立土字界牌。以道里计之照旧图又失去十数里地矣。

萨字界牌

在俄镇阿济密与珲春交界之路。

啦字界牌

在蒙古街。

帕字界牌

在瑚布图河源分水岭上。

倭字界牌

在宁古塔属界，瑚布图河口。

按：咸丰十一年，成琦会同俄使原议在瑚布图河口西边，因当时河口水涨木牌易于冲失，权设小孤山顶，距河二里。吴大澂恐以立牌之处即为国界定址，则小孤山以东至瑚布图河口一段又将割为俄地，与俄使巴啦诺夫议将此牌改立瑚布图河口山坡高处，正在两国交界之地。又据近人阎启瑞调查云，此牌应在五站左右，访该处交涉局郑委员称，伊到此时并未闻有何界牌，惟铁轨旁有俄官私立三角铁牌文，西面为东清铁路东界，东面为东海滨西界。前哈尔滨关道杜与东清铁路公司定购地条约，自此以东十五里尚有小站，准彼买地五百亩，足证也，东十数里尚为我界。但此五站势亦岌岌矣，有谁能过问其小站也，并何得觅其为倭字牌也。

那字界牌

在横山会处。

按：此牌本在荒山榛莽中，人迹不到，中俄均以此牌失毁，漫无稽考。光绪三年，宁古塔副都统双福与俄官廓米萨尔马秋宁，补立那字界牌在瑚布图河口正北山，距绥芬河与瑚布图河交汇之处不及二里，倭、那二牌相去太近，又非横山会处，吴大澂派佐领托伦托垾同俄人入山访得木牌一座，上多朽烂，仅存二尺余，字迹剥落无存，按其地势正在横山会处，始立石牌，将原木牌毁去。

玛字界牌

在塔俄交界大树冈子。

拉字界牌

在白棱河小漫冈上，据土著人云，此牌与喀字牌相隔仅二十余里，立于平地，砌以乱石。闻前无此牌，光绪二十一年，有人采菌玉至此，忽见断碑不知何日竖立。因查玛字界牌，西行四十余里至老黑山背，有石匠汪姓询称，此山顶曾有界牌以分水岭为天然界，自二十一年此牌忽然不见，于西冈上突出一小石牌，高不过二尺，两面皆无字，俄人即指此为界，遂焚中国人已有房屋，并不准中国人在此伐木，彼此相悬，恐拉字界牌自他移来也。

按：白棱河本无其名，由俄人混指一处，欲由松阿察河掘通墨棱河以行舟楫，而窥宁古塔、珲春、三姓等处，遂称九年立约时，写在约中有云，土尔必拉亦须割与，后经勘出所称土尔必拉系在兴凯湖东北岸奎屯必拉之右，距墨棱河尚有四百余里，盖经成等据此力辩，俄始强必拉之分支小河水即为白棱河之讹，盖欲借白棱河为日后占据墨棱河地位也。又光绪十三年，吴大澂《勘查两国交界道路记》内云，计自拉字界牌至喀字界牌十六里四百五十一萨仁俄国一萨仁约中国七尺有奇，再自拉字界牌至白棱河口十七里七十五萨仁，是拉字界牌至喀字界牌俄十六里，即中国三十二里，至白棱河口十七里，即中国三十四里，其非在原立之处，为俄人所私移确无疑矣。

喀字界牌

在白棱河口，兴凯湖西北快当别地方毕姓门前。据阎启瑞访毕姓云，先年分界在此，西南约五十里，有西来人湖之长流，名勿邑七河，为共有水，经宁古塔副都统设有卡伦，被俄人将驻防者拘留于红土岩，备文索回，后遂无人问津矣。光绪十三年，吴大澂勘界竖此碑于现在处，与俄人遂有以白棱河为界之说。查此水无非一沟，仅十余里，由西北来入，湖迤西无水处俄人任意侵越，廿二年此处尚无快当别屯，有民人杨永芳网鱼于此界牌下，被俄人夺鱼驱逐，经毕姓代诉俄双城子审判得直，今杨永芳仍得网鱼于此界牌下，故此牌亦得存于今日矣。

亦字界牌

在松阿察口。

耶字界牌

在绥远属乌苏里河口。据土著老黑津人称，咸丰十年曾立有木牌于伯力铜人下。自吴大澂勘界又竖耶字牌于伯力对岸，约失二十余华里，后历经俄人擅移，光绪二十一年又移至通江子东岸，此时乌松两江间周围二百余里之土地已非我主权所有，如渔猎樵采等事皆为俄人纳税矣。三十三年又移至通江子一小流名倭七河者，为共有界，使通江子南段江权尽归俄人掌握。查此江为我国松花江入乌苏里江必由之路，自失此江权之后，凡我船过此江者，彼或扣留，或罚金，或课税，一一听命于人，使乌苏里江名为共有，实为俄独有也。

按：咸丰十年以前，伯力尚属我国，故界牌在此，现在隔乌苏里江遥对俄蛤杂克维次屯亦名二站，查此处形势彼岸高山，此处乃为低滩，日后如有冲刷之虑，俄人又必有代为移置之词。据光绪三十三年，俄伯力总督咨复我国，以该江堤岸被水冲刷代为移置无少危处等语，吉林交涉司尚有案可查。

第五章　种　族

　　吉林为满洲旧居，其土著以满洲人为最多，此外则有汉军、蒙古。咸同以后始渐有汉人流寓于此。蒙古、汉军中又有新旧之分，满语谓旧为佛，新为伊彻一作异齐，又作伊车。开国时编入旗者为佛满洲，内又有贝国恩、布特哈之分。贝国恩，满语为户，乃协领、佐领由京师补放，子孙遗居立户于此也。布特哈，满语为猎，乃旧在白山一带渔猎为生者也。伊彻满洲，内又有库雅喇之别。库雅喇非一姓一族，有以库雅拉人而别姓者，与伊彻满洲实截然二项。库雅喇居宁古塔以东，清初征服入旗，伊彻满洲居三姓、乌苏里，入旗亦在库雅喇后。三者皆满洲者也。蒙古亦有新陈之分。顺治九年以前编旗者，皆陈蒙也，九年以后入旗者则为新蒙古。汉军则编入满洲镶黄、正白两旗者，皆为陈汉军，其后安置者则为新汉军。满洲八旗与汉界限甚严，饮食坐卧均不能在一处，出军则汉军备充前敌，驻扎则别为一营。官阶只就汉军中升擢，不能与满洲八旗挽越。其歧视如此，又有并入鸟枪营，则由台站、水手营、闲散官庄、打桦皮壮丁，拣选充也。台丁者，当边台查访及设立棚壕差使；站丁者，当驿站驰送文报差使；庄丁者，当官庄种地；打桦皮差使；水师营，则于顺治、康熙间造船之役，拣选各丁人为之。故于蒙古、满洲、汉军之外，又有各丁之籍。至康熙、乾隆后，又有盛京旗人及盛京兵部、工部、内务府之庄丁、王公宗室并旗下家奴来吉耕种。乾嘉道年间，又有京旗之移驻屯田，今旗籍之务边业者，盖即此种人。当时禁令甚严，内地人私入垦辟者，皆号为流民。乾隆三十四年，在阿勒楚喀、拉林等地查出流民二百四十四户，俱自雍正四年至乾隆三十二年陆续存住者，尽驱至伯都讷地方，每户拨给空甸一，具令人籍垦种，是为汉民入籍之始。嘉庆五年，复查出郭尔罗斯地方流人寓内地民人二千三百三十户，均系节年租地垦种，因为划清地界，并设立通判、巡检各一员弹压，即今长春府等地也。其后汉人移殖者益众，虽经历代谕禁，亦不能止，大抵以山东、直隶二省人为多。光绪八年，吉林将军铭安遂奏请添设宾州厅、五常厅、敦化县，且采用分巡道吴大澂议，于吉林边境设招垦局，于是汉人移置者益众，及俄筑铁路招徕山东工役之人愈复繁盛，其久住或土著者约居十之六七，而汉人之外又有回人，大抵皆以商贩随汉人流入者。其边境临江、富锦、依兰、密山、宁安又有赫哲之旧种族，其近朝鲜境如延吉、濛江、和龙等属，又有归化之韩人，以延吉一带为尤多，此吉省种族之大概情形也。

满洲八旗氏族甚繁，其姓氏最著者，曰瓜尔佳氏费英东之后，曰钮祜禄氏额亦都之后，舒穆禄氏扬古利之后，那拉氏扈伦叶赫后，今伊通境，董鄂氏世称顺治帝祝发于五台之清凉山，原因于一女即栋鄂后是也，辉发氏扈伦辉发部后，今奉天辉南厅西北，马佳氏图海之后，伊尔根觉罗氏费安古之后，此姓乃另为一部族与觉罗各别如苏苏觉罗、西林觉罗皆非清廷之同部，但有扈尔汉一部从其父扈喇虎率属来归，本姓佟氏赐姓觉罗。以上八氏尚选公主不出乎此。余则完颜氏等二百九十余姓，其希姓则有精吉氏、萨尔都氏等三百四十余姓。又满洲旗内之高丽姓，有金、韩、李、朴等四十三姓。又满洲旗内之汉军，有张、李、高、雷一百六十余姓。其姓字大抵系满音译成，以别汉族。前清季年，许满汉通婚姻，化除种族界限，然语言隔阂，则情意难通，姓名睽殊，则习尚亦异，今则汉军俱复旧姓，即旗族亦各冠汉姓，五族一家，共趋大同，十年以后绝无满、汉名义矣。

宁古塔之东北海岛一带，《唐书》所云，少海之北，三面阻海，人依岛屿散居，有鱼盐之利者，人有数种，鄂伦绰其一也，在近海之多罗河强黔山游牧，其人男女皆披发跣足，以养角鹿捕鱼为生，所居以鱼皮为帐。性懦弱。

奇棱部，性强悍，以捕鱼打牲为业，男女衣服皆鹿皮为之，无书契，其土语谓之奇棱话。

库雅喀部，男剃顶心以前之发，而蓄其后，至肩即截去，草笠布衣，缀红卐字于肩背，亦有衣鱼皮者。性好斗，出必怀利刃，妇女幼时即以针刺唇，用煤烟涂之，土语谓之库野话。

费雅喀部，沿海岛散处，以渔猎为生，男女俱衣犬皮，夏日则用鱼皮为之，性悍好斗，出入常持兵刃。

恰喀拉部，散处于珲春沿东东海，男女俱于鼻傍穿环缀寸许银、铜人为饰，男以皮为冠，布衣跣足，妇女则披发不笄而衿衽，间多有刺绣纹，其屋庐舟船俱用桦皮，俗不网罟，以叉鱼射猎为生，性游惰无蓄积，土语谓之恰喀话。

七生部，性多醇朴，地产收麦，虽知耕种，而专以渔猎为生，遇冬月水坚，则足踏大板溜冰而射，其妇女亦善伏笯捕貂，衣帽多以貂为之，土语谓之乌迪勒话。

黑津部，名目不一，有剃发、不剃发黑斤。自阿吉大山以上，沿松花江两岸居者，通称黑斤，即赫哲部也。其男皆剃发，亦呼短毛子，女未字则作双髻，已字则为双辫，鼻端贯金环，妇女用布一幅，曰勒勒，自喉至膝下，宽以益两乳为度，腰以上剪色布或鱼皮为花贴之，腰以下用铜片圆径一寸及二寸许者共二十余枚，各凿云纹孔呼曰空盆，以次垂布上，富者用绳贯珠，贫者贯铜叩系勒勒于头后，走则丁冬有声。喜用紫色袖口，束以花带，足着鱼兽皮乌喇，自膝至踝，亦蓖色布或鱼皮为花，下连乌喇。男人多戴耳环，无文字，削木裂革以记事，不知岁月，问年则数食达巴哈鱼几次以对。夏捕鱼作粮，冬捕貂易货为生计。其俗能知亲爱，敬礼子弟，或远行自外归，皆右执壶，左捧杯，请父母兄嫂坐，依次跪进一巡，再酌则父母兄嫂仅各一沾唇，令子弟自饮。亲戚往来以抱见为礼，亲丧则子蓖发尖，夫丧则妻缠白布衣蓝褛。聘娶男携酒壶入女家，先饮后议银，上者以绸缎、羔皮代，次者以布，女与父母俱允，即同宿一夕，再约期送女，不亲迎。无论冬夏生子，皆用冷水沐浴。自阿吉大山顺松花江西北行，至黑勒尔地方沿江两岸居者，通呼长毛子，谓之不剃发黑斤。风俗习尚与剃发黑斤同，惟言语差异。男不剃发，垂辫，以弄熊为乐，遂与剃发黑斤为两类。夏航大舟，冬月冰坚则乘冰床，用犬挽之，故称为使犬国。其土语通谓之赫哲话。

以上诸部其源流支系已无可证，仅就往史述之，聊存参考。今则均已归化，惟赫哲部尚仍旧习，即俗所称为鱼皮鞑子是也。此种人性最愚蠢，每苦不谙交易，往往借山东人为经营，故一鱼皮鞑子家恒用一山东人，名曰山东棒子，亦谓为管家人，财产悉为所握，并占其妻，亦不为怪。其人食鱼，火毒最重，身有胶臭，最患天痘。据云，清初时即有四百余户，在临江富锦一带，三百年来仍不加增，盖是种人患痘独烈，易有夭折也。

第六章　风　俗

按：吉省风俗与内地绝异，虽经高丽之统治，渤海辽金之崛起，原肃慎旧俗尚难革除。自前清改建行省后，汉民渐次移置满洲，人民稍有合同而化者，其间如赫哲、蒙古尚甘自朴陋，何也？政教之失于治也久，逸惰之中于习也深，其心思智识，皆相安于简陋，难家喻而户晓矣。夫礼教者风俗之本，而法律又政治之原也，欧洲各国以礼归于宗教，法归于政治，虽宗教之势力渐衰，而政治之范围乃愈广，是故风俗之优劣关于公众之治安者可以法律治之，关于私家之道德者不可以法律治之，而其能济法律之穷者，则又恃有教育。吉林民智初开，文化未能普及，为今日计，宜以教育代宗教，取宗教之精神纳诸教育，于冠婚丧祭饮食日用酌予变通，善者导之，敝者革之，恶劣者严禁以防之，败坏者因势以救之，迷信之仪式，虚骄之繁文必与湔除，编简易白话随时颁布，更编设乡约，多方讲演，斟酌损益参之以礼，条举利害动之以情，以去窳败顽固之旧习，民间耳目使之一新，而又能持之以恒，行之以渐，化民成俗，其庶几日起而有功乎。编风俗类因述此意，以告当世焉。

第一节　满汉婚礼之异点

婚嫁无定制，以东三省为最恶习。古者三十而娶，二十而嫁，其制最当。三省男女每在十四五岁即已成婚，有害于身体与智识、学术、生计，莫此为甚。其聘金无论贫富所在皆有，富者固无论矣，其贫贱者礼物不求过多，聘金需吉钱四五百串，是故婚嫁之费，中人之家约吉钱二三千串，照合银约四五百两，往往有贫寒力不足婚娶，则婿至女家就婚者，谓之倒找门。如女家无力作嫁，则于聘礼之外多索聘金以为嫁资，谓之养聘钱。以至上品之族因愆期而多怨旷，下流之民起争端而成攘夺。此为三省最大恶俗。至聘礼、纳采、婚期、行亲迎礼，与内地常俗大致相同，惟合卺礼后，女家戚党偕至，谓之送亲。午膳后，女之弟侄辈，延婿升炕食水角，谓之管小饭；出堂同婿祀灶，拜舅姑及族党姻戚毕，妇家备酒肴延婿及妇并舅姑尊长等再食，侑以鼓吹，谓之管大饭。宴毕婿即席前拜女族亲长，各以金银品为赐。如娶继室，前妻母家亦如之。日暮入洞房，抻面为条曰长寿面。次日婿家尊长姻娅咸集，引妇拜见之分大小，亦各以金银品物为赐，妇以女红分献翁姑及尊长谓之散箱。又次日姑嫜引拜祖祭墓，犹有三日庙见遗意也。嫁之日，亲旧男妇各数人从，曰新亲。嫁之次日亲旧仍往，曰装枕头。数日后迎婿及女至家享以盛馔，曰回门。匝月后迎女归，曰住对月。此各属汉人之通行婚礼也。至满蒙婚礼与汉人异者，在未嫁前男家带婿诣岳家纳采，行装烟叩头礼。婚亦亲迎，婿家右门外支布为帐，帐内设短几，妇及门先进帐房，男女分东西向交拜，合卺起，男挽女袖，绕几三匝，理女发易笄而髻，谓之上头。出帐房男女向长者行跪拜礼，男女侍立门右，装烟肃客云。

第二节　丧葬特别之礼俗

丧礼，夜革后子号哭擗踊去冠，妇女去笄。丧主妇使子弟护丧事，治袭殓之，具讣于戚友，逾时奉汤及巾栉入，妇女出，妇丧则男出沐浴，仕宦按品具衣冠带舄，庶人亦袍靴缨帽，女则衣青蓝素绸服，无缘饰，不论寒暑袭衣皆绵，含尸以银屑三，已袭帏堂殓尸于床，当日成服，子衰绖寝苫枕块于床侧。五服之亲各服其服，择入殓之期不出三日，及殃煞起落，曰开殃榜，届时执事者以棺入，棺内奠七星板，藉褥施锦衾，垂其裔于四外，奉尸入棺，丧主以下凭棺哭踊尽哀乃盖，加锭施漆。棺殓之日，亲朋具香楮来吊，丧家扎青白彩，具饮食款之，午后送灵于土地祠，鼓乐前行，次则执行僧道、祭品、扎彩，又以纸缯为冥具，执刑杖棒香炉者各数人，以青纱舆筱舁灵位，男女孝服以从，戚友亦至曰送三。三或作山，以其送葬于山也。俗例病者气绝时即焚纸车，曰倒头车，驾车者男扎马、女扎牛，满人院中竖幡竿，汉人门外挂纸幡，如死者岁数，曰过头纸。送三之日，束草帚象尸扫过头纸附帚上，孝子负于背，绕棺呼号。出门诣土地祠，扶帚于椅，媳女辈持梳栉，举镜奁，自帚作理发照面如生状。孝子升高而呼曰：上西南大路，以帚加扎彩焚之，延吊者向火举哀致奠。阅六日为迎七，昏暮设祭于烟筒下，合家哭拜，名曰上望。每七日举祭礼，焚楮设奠，择期发引。殡之前三日为展吊，门内外高建楼棚，设鼓乐、扎彩，先一日成主家祭，安葬曰出大杠，三日后往负土培坟，曰圆坟。满洲旧俗不奉木主，亦无铭旌，于院中立杆挂幡，每日叩奠三次而已。

第三节　满洲祭祀

满洲每逢春秋祭祀前一日，以黍米煮熟捣作饼，曰打糕。糕荐享后，以食合族及亲串，此犹寓古者酢赐之意。有祭星祭祖献牲于神前，名曰阿玛尊肉，撤灯而祭名曰避灯肉，祭肉不出门，惟避灯肉可以馈亲友。祭时族人戴尖帽，如兜鍪，缘檐缀五色纸条下垂蔽面，外悬小镜二如两目状，身著布裙，遍系铜铃，击鼓而舞，口诵吉词，众人击鼓相和，曰跳家神。此外又有跳大神，盖以治病类神巫也。次曰祭院中杆，以猪肠及肺肝生置于杆顶之碗中，以祭乌鸦，用猪喉骨贯于杆梢，再祭则以新易旧而火之，祭之第三日曰换锁。换锁者换童男女脖上所戴之旧锁也，其锁以线为之。

满洲祭杆，以肉饲鸦，盖由其先祖名范察者，逃难山谷，遁于荒野，几为追者所获，会有神鹊止其首，追者遥望鹊栖处，疑为枯木，中道而返，乃得免，隐其身以终，自此后世俱德鸦，诫勿加害焉。其杆名掌腊竿，盖其先人入山挖参，用以披草莽而备捍兽者。杆之顶有圆碗式插之于地，就碗以贮食物，食余招乌鸦饲之。今旗人祭杆并置猪肠肝于杆头碗中，犹是当年饲鸦意也。八旗内室供奉神牌，只一木版并无字，亦有用木龛者。室之中，西壁、北壁一龛。凡室南向北向以西方为上，东向西向以南方为上，龛设于南，龛以黄云缎为帘帷，亦有不用者。北龛上设一椅，椅之下有木五，形若木主之座。西龛上设一机，机之下有木三，春秋择日跳神，其木则香盘也，以香末洒于盘上燃之，所奉之神默谓观音、伏魔大帝、土地也，故用香盘三。

第四节　风俗杂志

人民居住多仍旧俗，土房草屋比比皆是，湫隘卑陋习为故常，屋有起脊，有平顶者。然院落四周立大木必以板为障，高与檐齐。室以内靠壁设土炕，或南北二炕，或东西二炕，或南西北接绕三炕，空其东。各方面多开窗户，有如炕大者，俱从外闭。其一方面皆窗者谓之明装，每方面仅开中央一窗者谓之暗装。此等形式无贵贱贫富皆然。居民有室无堂，寝食起居待客均于土炕。炕高尺有咫，阔高五六尺。男女各盘膝坐，南为尊，西次之，北为卑。夜卧则头临炕边脚抵窗，无论男女尊卑皆并头，如足向人则谓之不敬，惟妾横卧其主脚后头。不近窗者，盖因天寒窗际冰霜，衾裯为寒气所逼，故交秋之后，则生火于下，非此不足以御寒也。满洲大燕会，主家男女必更叠起舞，举一袖于额，反一袖盘旋作势，曰莽势。中一人歌，众以齐空二字和之，盖即以此为寿也。先送烟，次献乳茶，终进特牲，以解手刀割而食之。元旦于门前植松树二株，上帖桃符，张灯彩。元宵节以粉糍祀祖，张灯彩三日，有旱船、秧歌、竹马诸杂剧，男女皆艳服出游，或步平沙谓之走百病，或联袂打滚谓之脱晦气。二十五日俗称龙封日，各家皆悬独头蒜于门前，以避瘟疫，小儿女剪五彩布为图形，穿以彩线佩之，名曰小龙尾。又食合菜，以为丰年之兆，且多于是日作黍饭以祀仓，名曰添仓。端阳日门悬蒲艾，挂葫芦，妇以彩丝为帛，制五色缎制荷包、葫芦诸小物，簪髻上。中秋节陈鲜果供月，合家聚食不出外，曰过团圞节。十月朔，展墓祀祖，谓之送寒食，除夕焚冥资于巷口，曰烧包袱，祀灶日供糖糕，谓之过小年。前后数日，人家以肉糜包水角，以糖包面蒸糕，曰蒸饽饽，与鱼肉肴蔬足储半月之食。

松花江，十月杪即凝坚冰，名曰封江。城南沿江岸旅店，至冬乃凿冰立栅于江中，以作市廛，贮野兔山鸡獐麂鹿豕之类，居人购之作度岁之馐，俨然一市埠焉。

东三省素产菸酒，自缙绅之家以及农工下级劳动者无不有烟酒之癖，其嗜烟尤甚，虽髫年女子行路亦以长杆烟袋携于手中。其俗以送烟为敬客，故男女老幼无不嗜者。

吉林背山面水，宜于渔猎，向无公司之联合，又无区域之限制，故营其业者大半属于农民兼业，惟临江之赫哲人渔猎，则经官允准，其余渔业中有纳鱼尾或网底税者，要皆为旗官管辖，亦无定例。采珠打牲、吉林、五常、敦化之属，则有禁令，平民不得私业，事由乌拉总管衙门经理，设有专役，皆属满人。密山之采珠打牲多属鱼皮鞑子，新城、延吉、宾州多属旗人，濛江、方正多属汉人，临江多属赫哲人，长岭多属蒙古人。渔猎器械约有十种，曰渔网，曰钓竿，曰渔义，曰挡亮子，曰冰钏。冬至冻合用冰钏，两口距离约数丈，渔者携网具赤身缒而下，由此径穿彼口，复牵网缒而上，举网得鱼，此为冬令取鱼之法。以上六种为渔具。曰枪、曰梢钩、曰压排子、曰枷子，以上四种为猎械，均沿用旧式，惟近今吉林、依兰、滨江、临江、敦化、长寿各处，于猎械多改用外国新式枪弹，然究非猎业中之特别品也。

吉林地处偏僻，精于方伎者少，悬壶市上卖卜街前大都外来者，多有医业而兼设药局者，名曰坐堂，声价稍高，次则有一种游食之民，手悬招牌，背负药囊，游行村市，沿门售技者，曰散医，乡屯常见之。巫业多属妇人，其方法则击鼓摇铃蹈舞申祷于神前，俄而代神宣言，曰神附其身。延巫之家或因疾病，或因邪祟，有所祈祷，巫以符水药饵等物治之。此风迷信者颇多，亟宜禁之。

北方花会，亦博戏之一，山东、直隶皆有之，而吉省尤甚。其为害乡愚，老幼男女无不沉迷。近年虽经官署之严禁，山陬水屋此风犹不能免，其中情形多不可解。兹就土人所言述之，其会分三十六门，每门俱有姓名，亦有数目系以职业，如林姓中有林太平者，皇帝也，陈姓中有陈吉品者，状元也，如刘井力系渔夫，赵天伸系樵童，苏青云系婢女，周青元系寡妇之类，盖三十六人名别其行业与历史，凡有六盗、六女、二童子各等之称说，如婢女、寡妇乃六女中之二也。所著姓氏皆著望南中，关外殊少，推之百年前则并无汉姓，莫审其原始何时。顾与委巷中人语，询现在某官姓名，何茫十九者，如任举花会中人名一人，无不了了，更言其行业关系者，博者孤注一博，进之可获三十倍，日开一次或二次，博局主人掣铁揭尺，则大呼某门中彩。往博者先以纸裹钱，自书所押注何名，一一悬于博场，博主惧逻者侦伺，日迁其处，或妇女以道远勿能至，故必有奔走为撮合，名曰跑封。常人一入此彀，辄神魂颠倒，昼占巫觋，夜占所梦，至倾家而后已。因是侥得侥失，迷信愈深，其家必供一神，朝夕祷拜，胡三太爷之淫祠所以遍于通省者，此耳。

结会聚众，以邪说煽惑愚民者，有黄天道教及在礼会之两类。黄天道教劝人以持斋念佛，愚民迷信者多心醉之。其会有老爷会首之目，随处结会，向无定所，顾其底细外人亦难知其详。在礼会托以禁烟戒酒为宗旨，又有五句真字之秘受，其会亦无定所，随地约日坐坛，谓之坐日子。入会者各纳市钱二缗，谓之奉日子钱。黄天道教不见有口号道标帜，入在礼会者其口号彼此相呼于姓名下，各称爷，名曰道亲，其标帜以灰色带子系腰，极易辨认，入会者以农民及下级劳动人为多。

吉林深山丛林中盗匪出没，时有强劫，行旅者有戒心焉，名之曰红胡子。立说不一，有谓匪人常戴假红胡以饰真面目，如南方盗贼以色涂面防人易识也，有谓往时土枪常用红布塞其口，射击时红布以口衔之，人远望以为红胡，不知其地为胡地，故称其匪为胡匪，后人讹以胡为胡子耳。胡子隐语甚多，如掳人勒赎曰绑票，不赎则杀之曰扯票，膀子为枪，腿为马，一行一动皆有代词，外人不得而知也。

《柳边纪略》云，十年前行边外者率不裹粮，遇人居直入其室，主者尽所有出享。或曰暮让南炕宿客，而自卧北炕，马则煮豆麦铡草饲之，客去不受一钱，他时过之或以针线荷包赠，则又煮乳猪鹅鸡以进。盖是时俗固厚而过客亦不若今日之多也。今则走山者以万计，踪迹诡秘，仓卒一饭或一宿，再宿必厚报之，而居者皆巧于计利，于是乎非裹粮不可行矣。然宿则犹炕，炊则犹给樵苏，饭则犹助瓜菜，尚非中土所能及。

边外文字多书于木，往来传递者曰牌子，以削木片若牌子故也。存贮年久曰档案，曰档子，以积累多贯皮条挂壁，若档故也，然今之文字书于纸者也，呼为牌子、档子，盖前清时多沿用满洲旧名也。

生子三日浴儿，亲友馈以鸡子面食曰送粥米，弥月亲友各携绣缋儿饰相贺曰满口，小儿一月后下摇车。所谓摇车者，以筛板圈做两头高，中凹，每头两孔内外用彩画垫薄板，悬于梁上，离地数尺，或悬炕上，系之以铃，缚小儿制其中，使不得动，哭则摇之，口念巴不力。

明妃出塞，马上琵琶，近维蒙古之郭尔罗斯前后旗妇女多能于马上弹之，他处则不及见也。其琵琶较常用为稍大，至羌笛、胡笳、箜篌、腰鼓、芦管、方响、筝、笙、大鼓、拍板之类，今则仅筝、笙、大鼓、拍板尚有之，余则不习见焉，至腰鼓、箜篌等乐，中国失传，日本妇女多有能之，想亦由中国输入也。

士大夫家于冬日喜作冰灯，以矾水凝雪成冰，镂八仙观音等像于薄纸片，裁以作灯，夜燃烛放光，几如刻楮之乱真，妙不可言，能久至二三月方解。又有糠灯，俗名霞棚，以米糠和水顺手粘麻秸，逆则不可燃，晒干，长三尺余，插架上，以三歧木为架，凿空其靖，横糠灯于中，或削木牌凿数眼于上，悬之梁上，光与灯相等。

童子相戏，以獐鹿等兽蹄骨，用锡贯其窍，或三或五堆地上掷之，骨一具四面不同，掷以四枚视偃仰横侧为胜负，各得一色则为四色，全中者尽取所堆以去，不中则与堆者一枚。其用圆薄石击之则曰帕格，又曰罗丹。

耙犁，用辕木作底，立插四柱，高三寸许，上穿二横木，或铺板，或搪木，坐人拉运货物皆可用。前辕上弯，穿以绳套，二马服驾，轻捷过于车，若驰驿，更换马匹，冰雪之地可以日行三四百里，并有作车棚于耙犁上，设旁门套鹿皮围，谓之暖耙犁。

满洲旧俗向用辽金语，故其称父曰阿马，母曰葛娘，大伯曰昂帮阿马，叔曰曷克赤，子曰济，女曰叉而汉济，甥曰济颁即哈，夫曰爱根，妻曰叉而汉，男人曰哈哈，女人曰赫赫，兄曰阿烘，弟曰多，嫂曰阿什，姊曰格格，妹曰那，小厮曰哈哈朱子，丫头曰叉而汉朱子，年高者曰马发，朋友曰姑促，好曰山音，不好曰曷黑，吃饭曰不打者夫，吃肉曰烟立者夫，吃酒曰奴勒恶米，吃烧酒曰阿而乞恶米，读书曰必帖黑呼辣米，射箭曰喀不他米，书曰必帖黑，笔曰非，墨曰百黑，纸曰花伤，砚曰砚洼，金曰爱星，银曰蒙吾，钱曰济哈，水曰目克，木曰木，土曰鳖烘，火曰托，炭曰牙哈，有曰毕，无曰阿库，是曰音喏，不是曰口喀，富曰拜央，穷曰呀打，人曰亚马，坐曰突，立曰衣，行曰弗立米，走曰鸦波，睡曰得多密，去曰根呐密，来曰朱，要曰该密，不要曰该辣库，小曰阿即格，大曰昂邦，买曰乌打密，卖曰温嗟密，两曰央，一曰曷木，二曰朱，三曰衣朗，四曰对音，五曰孙查，六曰侫我，七曰那打，八曰甲工，九曰乌衣，十曰壮，百曰贪吾，千曰铭牙，万曰土墨，貂皮曰色克，人参曰恶而诃打，小船曰威呼，灶突曰呼兰，耙犁曰法喇，榆柳小弓曰斐兰，匙曰赛斐，搁板曰额林，木桶曰施函，圬墙所缀麻曰拉哈，糠灯曰霞棚，纸曰黏山，鹿蹄跋骨献具曰罗丹，桦皮房曰周斐，皮鞋曰乌拉，烟囱曰摩呼郎，红曰富勒佳哈，黄曰苏延干，黑曰萨哈连，白曰珊延，兽曰堪丹，牛曰依罕驴爱罕，骡曰瑚兰，山羊曰尼满，熊曰勒富善，狼曰钮赫，猪曰乌勒间，狐狸曰小多壁，乌鸦曰噶哈，鹬曰锡勒们，雉曰乌勒呼玛，鸽曰科齐克，鹰曰拉呼塔，蝴蝶曰敦敦，鱼曰尼玛瑚，小鱼曰尼石哈，鸭曰聂赫，豆曰图里，草曰富赫舍库，麻曰奇穆尼，葫芦曰呼伦，生菜曰纳穆，野菜曰塞珠伦，山崖曰圣音，陡崖曰固拉库，山阴曰阿噜，路曰札穆图，大曰安巴，小曰阿济格，圆曰穆哈连，扁曰哈勒费延，卧曰克卜特，水曰穆克，河曰毕喇，大河曰昂邦毕拉，细流曰毕拉罕，沟曰乌兰，渡口曰多观，正面曰奇音，横曰哈圆，洁净曰博勒和，不净曰纳恩图。以上第就满洲现时之沿用语录之，以存旧俗，其他如山川地名及日用语尚多，不能备载，兹特记其一隅耳。

第七章　地　产

第一节　矿　产

按：吉林矿产向称宏富，其矿质五金与煤俱备，统计全省金矿四十三处，银矿五处，铜矿三处，铁矿五处，锡矿三处，铅锑铋矿四处，水晶矿三处。其最著者为夹皮沟及宁古塔、三姓、珲春等处之金，吉林之煤，天宝山之银，黑石镇之铜铅，外人艳羡者为论说。自光绪季年，开办宁古塔、蜂蜜山等处之金矿，时开时禁，天宝山、富太河之银铜矿，曾经开采现已封禁，宁古塔蚱子窝、营盘沟等煤矿二十余处，商民开采尚未发达，其中尚有几经交涉者，如杉松、官街、头道江各煤矿，夹皮沟、宁古塔、珲春各金矿，依力嘎之石山等，曾与俄人交涉，石牌岭、天宝山等处又与日人交涉，有与我定约开采，亦有迳行开采者。漫藏诲盗，经训有征，地宝不兴，强邻虎伺。迩者日方垂涎于南，俄人经营于北，两国调查驿使相望于道，而我之富力蕴厚，听其秘藏货弃于地，殊为可惜。兹就前人所已经调查矿产地点，录列于后。

金矿　吉林夹皮沟、三五道火笼、五道霾罗、八道河、辉发河，伊通半拉山门，磐石窝瓜地、当石河、墙缝、样子沟、扇车山、驼佛鳖，桦甸桦树林子，宾县乌吉密、一面坡、黑龙宫，延吉西二道沟、西三道沟、西南洒金沟、七八道沟、汪清沟、东三道沟、柳水河子、凉水泉子、西北岔、香房沟、东四道沟、蜂蜜沟、天宝山，东宁小金山、万鹿沟、小绥芬、马家大营、牡丹江右岸，依兰二道河子、楸皮沟、黑背，桦川桦皮沟，同江太平沟、石门子，密山南线毛、老线毛、杨木冈。

银矿 吉林柳树河子、呼隆川、石咀子，伊通九台子，延吉天宝山，依兰桦山子。

铜矿 吉林富太河、朝阳山，磐石黑石镇。

铁矿 吉林牛头山、大猪圈，伊通影壁碴子、纳袄子，延吉稽查处。

锡矿 吉林呼隆川，磐石半截河，延吉天宝山。

铅锑铋矿 吉林大尖山、呼兰川、滥泥沟，磐石黑石镇。

水晶矿 吉林西石碴子、石道河、帽儿山。

煤矿 吉林哑巴沟、滥泥沟、泥球沟、奶子山、杉松屯、沙河子、小河台、歪石碴子、通气沟、台子沟、二道河子、分水岭、荒山子、苇子沟、锅盔顶子、长岭子、辉发河、半拉窝鸡沟、公郎头、弦子沟、柳树河子、高家烧锅、半截河子，长春四道沟、石碑岭、陶家屯、大顶子，伊通影壁碴子、半拉山门、放牛沟、四台子、四角山磨砺，磐石呼兰川、花曲柳冈，桦甸桦树林子，宾县团山子、大青山、高力帽山、大溪河、好石林子、老山头、老龙山、双阳山、大石岭、西乌吉密、东乌吉密，同宾一面坡，五常太平河、缸窑、林子，延吉老头沟、头道沟、稽查处、凉水泉子、石头河，珲春东关门咀子，东宁大乌蛇沟、佛爷岭，依兰滴道山、巴兰川。

第二节 物 产

按：吉林接长白山之蜿蜒迤逦，松花江之浑灏汪洋，山川钟毓，发为物产之菁华。良材巨木，葱茏蔽日，金穴丹砂，蕴藏孕富。山深林密，野兽群栖其中，江河横流，鱼鳞游泳于其下，地大物博，久为林农渔猎之盛区。其树木以椴、松、杨、柳为最盛，榆、桦、柞、楛、棘、楸、杜、杻皆极有用之材，其余山禽野兽，凡鹰、雕、鸨、鹡、虎、豹、熊、鹿等类，随处皆有，皮革中之上品，如貂、狐、猞猁、鼠獭皆极珍贵。至鱼产以松花、牡丹、图们等江流产鱼最富，亦以鲟鳇、牛鱼、鲸鱼为最大，而鳇、鲤、鳜、鳊、鲭、鲫味为特美，他若重唇、缩项、倒鳞之异，发禄、哲禄、赭禄之同，船钉、剪头、喇嘛之细，黄花、黄锢、乌互、路达、发哈之殊，以及鲤、鳢、鲂、鳅、鲩、鲦、鲇、鲈、鲍、鲔、鲵、鳌种种，更仆难数。然沿江一带产鱼虽多，尤莫盛于兴凯湖。湖与乌苏里江通，当冰泮后，湖鱼顺流而下，又贯入旁通之穆棱、挠力等河，立秋折回沿岸，渔户横河树木栅以堵截，谓之挡亮子。凡挡亮子者，皆须领票纳税，方可准设。凡沿松花、牡丹两江支河，皆有之，近乌苏里江之东遂为俄人垄断其利焉。

夜光木 古木根茎所化，夜视有光，遇雨益明，移置室内，通体皆明，白如萤火，迫之可以烛物，以素磁贮水投之，火光澄澈，殆夜光苔、放木光之类欤。

桦 皮斑文，色殷紫如酱中豆瓣，故曰桦酱瓣。状似白杨，皮似山桃，有花纹，紫黑色，可裹弓及鞍镫诸物，山中皆有之，而嫩江、混同江之间尤多。乌拉有桦皮屯设壮丁采皮，亦作箭杆。其木瘿文极细。夏间剥其皮入污泥中谓之糟。糟数日乃出而曝之地，白而花成形者贵。特设桦木厂，有章京，有笔帖式，有打桦人，每岁打桦皮入内务府，辽东桦皮遂有市于京师者。有以桦皮作船，大者能容数人，小者挟之而行，遇水辄渡，游行便捷。又以桦皮盖窝棚，并有剥薄皮纫缀为油布大雨不濡。

椴 叶大，黑皮，纹细微赤者，曰紫椴。人参生于其下。王渔洋《池北偶谈》载："高丽采参赞云：'三桠五叶，背阳向阴，欲来求我，椴树相寻。'" 椵音贾，叶似桐。质白者曰糠椵，其皮可制绳引火枪，军中需之。椵类银杏可为器，其皮可代瓦，浸水久之可索绹。又有一种白椵木，叶大如团扇，初生时可蒸冷淘，霜后则鲜赤如枫。其皮可治绳为鱼网之用，乌喇网大鱼常用之。

香树 茎直，丛生，花黄，长白山最多，可焚以祭神，土人取作香。生近山崖者有节，名竹根香。根往年作箭骲头。安春香生山岩洁净处，高一尺许，叶似柳叶而小，味香，可供祭祀。长白山所产尤异常香，俗呼为安息香。又七里香，枝叶似安春香叶而厚，惟产于长白山，他处不见。

六棱木 枝干皆六棱，最坚实。

暖木 或云即黄蘖木，皮温厚可垫鞍镫心及包弓靶，细者可为鞭杆。又乌拉出小暖木，形类杉松，木质尤坚。

楛 一名雉尾荆，色赤，可为矢。世传肃慎氏楛矢或即此。据杨宾《柳边纪略》云:"楛木长三四寸，色黑，或黄，或微白，有文理，非铁非石，可以削铁，而每破于石，居人多得之虎儿喀河，相传肃慎氏矢以此为之。好事者藏之家，非斗粟疋布不可得。楛矢自肃慎氏至今凡五贡中国。勿吉室韦之俗皆以此为兵器。或曰铁镞，或曰楛砮。历代史传言之娓娓，余所见直楛耳，无有所谓镞与砮也。"按:《满洲源流考》"引元戚辅《辽东志略》云:'肃慎东北山出石，其利如铁，取以为镞，即石砮也，而杨宾以为楛木。'" 盖误以石砮为楛矢耳。

榛 树低小如荆，丛生开花如栎，其实作苞三五相黏。一苞一实，生青熟黑。壳厚而坚，仁白而圆，香美甲于他省。

冻青 寄生树上，叶微圆，子赤，凌冬不凋，青葱可爱。

草荔枝 丛生，朱颗味甘，似普盘而无子，内地所无。乌拉门则有之。

乌拉草 出近水处，温软细长，三棱实其中。摘而挞之以木椎数十下，则软于绵。用以絮皮鞋内，虽行冰霜中，足不知冷。谚云：吉林有三宝，人参、貂皮、乌拉草。又名护腊草，履也。塞路多石碛，复易沮洳，不可以履。缝革为履名乌喇，乌喇坚足不可裹。泽有草柔细如丝，草无名，因用以为名。

鹰　辽以东产鹰，自东海来者谓之海东青，辽人酷爱，岁岁求之女真，至五国战斗而后得。宁古塔尤多，每年十月后，即打鹰，总以得海东青为主。鹰生山谷林樾间，视其出入之所，系绳张网，昼夜伏草间伺之。又有芦花鹰极贵重，鹰纯白为上，白而杂他毛者次之，若得色纯白者必送之内务府。海东青身小而健，其飞极高，能擒天鹅，搏兔，亦俊于鹰鹘。雕皆有窠，巢多缘峭壁为之，人不能上。惟海东青从未见有巢。《辍耕录》："海东青，羽中虎也。燕能制之，群集缘扑，即堕，以小制大，物性往往如此，犹黄腰啖虎之类也。"李太白诗："翩翩舞广袖，似鸟海东来"，盖东海有海东青俊鹘，白诗言其舞如海东青也。

雕　似鹰而大，色黑，出宁古塔诸山。其品不一，上等黑者曰皂雕，有花纹曰虎斑雕，黑白相间曰接白雕，小而花者曰芝麻雕，羽宜为扇。雕之大者能捕獐鹿，山中间有之。翅若车轮，爪同锋刃，双眸喷火，长喙反钩，扬风有凌云之志，鸷鸟之雄也。

雉　黑水鞑靼俗插雉尾为冠饰，近时俄妇人仍效此妆，惟俗呼野鸡。辽东野鸡颇有名，惟吉林之野鸡最肥，油厚寸许。出猎秋间，号打野鸡围。

沙鸡　似雉而小，脚有毛。《尔雅》谓之鶛鸠，俗呼沙半斤，亦名树鸡。多出林中，不在沙漠之内，土人所谓飞龙或即此也。

虎　喜跳荡，故多居深山丛林中，不常见，土人多讳言之，曰山神，莫之敢撄也，又称老妈子。白质黑章者尤猛挚。虎昼伏夜行，猎者恒蓄犬，猎犬不畏威，闻虎啸则驱虎前而吠嗥，虎怒逐之，将及，犬则匿于林。再驱，虎再奔再匿。虎去已远，其犬乃归。猎者捕虎总在冬令，以其毛氄厚始有价值也。每于雪中伺虎行迹，虎前行必寻旧路归，猎者辄于路张机，其法横系一铜线，一端曳于引满之机关，弓架入铳机，虎触之，弹发恰中其前胸，既负伤，辄奔越数里，按其血迹追寻，乃就毙所而后敢取焉。

豹　似虎而小，白面团头，色白者白豹，黑者黑豹，文圆者曰金钱豹，最贵重，文尖长者曰艾叶豹。

豺　足似狗，瘦如柴，鸷猛善逐兽。猎者畏猛兽，恒作啸声呼豺至，啖以干粮，绕其居遗溺而去，豺溺最膻，百兽皆畏，故闻之俱引避也。豺性最慈仁，而世以豺狼并称，殆未能识其性也。

狼　吉省到处皆有，惟东北诸山之狼皮为最厚，盖其地气候严寒故也。以皮毛青白者贵，可为坐褥。性最险，能出人不意，故人皆避之。

熊　大者为罴，小者为熊。熊各处皆有，罴惟盛京、吉林始有之，他处所无。俗呼为黑瞎子，以其目甚小，睫毛厚而易蔽也。有马驼、狗驼二种，其实即罴熊也。马驼高四五尺，重千斤，狗驼高二尺余，重亦五六百斤，性悍而有力。马驼常与虎斗，胸腹有白毛者为最悍，力能拔树，亦能升树，每端坐树上，用前掌折树枝压于股下，有时树折堕地则矗立狂啸，如人笑声，猎者恒畏之。不食肉。入冬则蛰伏洞中，俗曰墩仓，在树窟为天仓，岩洞中为地仓。终日舐掌若以疗饥，或曰熊性爱掌，平时在砂石行走，冬后不能行，故日以牙啮磨砺。洞中气焰蒸薰，霜雪中一望而知，猎者恒于洞中射杀之。性最憨，生犊必两，惧猎者侦其窟，一日辄数移焉。熊携子过河，不论深浅，必先觅一石压其子，已乃偕其一过河，登岸又觅石压之，遂返而相寻。觅石取其重大者，往往压毙，熊揭石见其子已死，复趋彼岸，压毙亦如前，辄号呼奔走，狼之黠者每伺以果腹。当玉蜀黍熟时，熊入禾丛中，人立而掌掠之，且掠且挟于肘，肘甚直，每挟旋落地，禾稼蹂遍，肘中终只一黍。彼猎者常从望楼中发枪射之，命中与否，熊必来将楼推倒。凡兽背枪而走，熊迎枪而扑，即弹贯其胸，犹能拾泥草自塞其伤，狂奔数里乃毙。熊胆能疗目疾，熊掌为食品八珍中之一，熊皮《禹贡》列入贡品，今则不甚宝贵焉。

鹿　吉林产鹿最多，有马鹿、汤鹿、毛鹿、合子鹿。牡者有角，夏至则解，牝者无角。鹿角鹿顶合，燕以北方可车，须是未解角之前才解角，血脉通好者有人字，不好者成八字，有髓眼，不实者。北人谓角为鹿角合，顶为鹿角台。南鹿不实，有髓眼，不可车，北地角未老不至秋时不车。鹿尾亦食中佳品，鹿茸以紫茄色者为上，长数寸，破之肌如朽木，茸端如玛瑙红玉者最善。

麋　似鹿而色青黑，大如小牛，肉目下有二窍，为夜目。麋角与鹿角不同，麋角如驼骨，通身可车，却无纹，鹿角骨有纹。《野客丛书》：麋鹿两茸性相反，麋茸补阳利于男子，鹿茸补阴利于女子。《月令》：仲夏鹿角解，仲冬麋角解。鹿以夏至陨角而应阴，麋以冬至陨角而应阳，故知二者阴阳之性不同。鹿肉暖以阳为体，麋肉寒以阴为体，以阳为体者以阴为末，以阴为体者以阳为末。末者角也，其本末之功用又不同也。

麈　吉林所产，有鹿形，俗呼为四不象，即麈也。《王会解》："稷慎大麈。"孔晁注："稷慎，肃慎也，贡麈似鹿。"是麈又为吉林所特产也。一名驼鹿，色苍黄无斑，颈短，项下有肉囊如缨缨，角扁而阔，莹洁如玉，中有黑理，蹄能驱风疾，其形蹄似牛，头似马，身似驴，角似鹿，不刍不豢，惟食石花。奇勒尔、俄伦春人养之，用则呼之使来，牧则纵之使去。性驯善走，德同良马。《竹叶亭杂俎》谓其皮可为半臂，衣之愈久则愈厚，亦愈软，若为油衣所污，俟其干揉之，仍复如故。凡皮见水则硬，衣此者若污可加浣濯焉。闻此衣油垢既甚可御火枪，刀钝亦不能刺入也。宁古塔乌苏里江时有之，一名堪达汉。

獐麝狍麃 皆鹿类，獐即麇，无角，肉亦可食。《尔雅》：獐，大麇麠，郭璞注：兕，即獐。麝，形似獐，一名香獐，喜食柏。脐血入药为麝香，不如滇产。高丽人来此取之，其法于榛莽隙地架长绳，中系绳圈，麝穿过则颈套入，系麝之脐成圆顶形，割如桃大。近今山民恒效弋取之。狍，色苍赤，形比内地所产稍大，味腥，皮可御湿。麃，毛长，大足，皮堪为履舄。

野猪 黑水靺鞨俗编发，缀野豕牙。《明一统志》：野猪，女真出。今山中有之，大如牛，形似虠，耳稍小，上下齿外出而有湾卷，利逾锋刃，驰突时猛如虎兕，且周身日衬松油，厚有寸许，名曰挂甲，枪箭不能入。此外又有豪猪，身有刺，白本而黑端，怒则激去，其利如矢射人。

山羊 生山中，似羊而大，即羱羊，亦名盘羊。鹿身细尾，两角盘背，上有蹙文，善登山，皮黑灰色，血可治疾。又名野羊、悬羊，类青羊而柔毛过之。据《本草》云，山羊即野羊，亦即羱羊。

狐 皮有黑白黄三种。色赤而大，夜击之火星迸出，毛极温暖，集腋为裘。玄狐出混同江下，大于火狐，色黑毛暖最贵，经年不易得。青狐名倭刀。黄狐乌稽所产。又有沙狐，生沙碛中，身小色白，腹下皮集为裘，名天马欻皮，曰乌云豹。一说狐与貉交生小狐为倭刀。

貂 貂皮为吉林特产，向有贡貂诸部，号谓打狐狸部，大抵在混同江、乌苏里江两岸。貂以毛根色青者为最佳，曰青韝，三姓以东产之。毛根略紫者为紫韝，高丽、奉天产之。至毛根灰白名为草韝，各处皆有。捕貂之法，设一碓房于深林旷野地方，四方钉碓四股，每股长周三十里，钉碓约三百盘，四股共千余盘。其碓式就倒木或伐大树为之，左右钉五寸高木桩两排，每排八株中以两株为门桩，下置活木滚棒，碓槽阔五寸许，后钉一小桩曰老桩，再以丈许径五寸许之木杠尾刊透溪，又于老桩卧槽中杠头钉一木钩曰挂钩，左傍树木有权，用一小木挑杆架于立木权上，将木杠挑起下端，绹绳尾系寸长消息木，卡于门桩处之活木滚棒，再用两条细棍压滚棒于碓槽中，曰桥梁，后用分厚之薄板两片，曰桥页，致压滚棒下沉，消息木脱出，则木杠下落而压毙矣。以寒露节为支碓期，谓之推桥页，霜降后谓之打响草。貂踏草有声，普捕灰鼠，往往于林中松子熟时伺灰鼠觅食随后取之，而捕貂者亦以是占其踪迹而兼获焉。至大雪后，则又于山深雪地验貂迹。貂昼眠夜出，挨树窍以捕鼠，即伏树窍内。捕者负一背兜，内插板斧，外具硫黄、线、扇风等物，踏雪地有入迹无出迹者，先以树塞其口，用土屑杂硫黄线燃之，以风扇扬烟入窍熏，窍口严掩，使闷毙树窍中，后伐木取出，于皮革毫无伤损。亦有用网兜并蓄养猎犬嗅，较更捷矣。

猞猁　猞猁孙即土豹，类野猫而大，耳有长毫，白花色小者曰乌伦格。《格致镜源》云，事物绀珠，猞猁孙，黄黑色，皮可裘，出女真。

狸　《册府元龟》：唐开元七年，靺鞨献白兔、猫皮，居山谷中，狐类，口方色黄，有斑，善搏，亦曰野狸。

獾　似狗而短，体肥行钝，皮宜裀褥，形如狗，喙如豕，足皆五爪，毛深重，油能治火伤。

貉　状如狸，斑色，其毛深厚温滑，可为裘，俗名野马。其皮纹上圆下方，寝处其皮者立能解酲，设有警急毛辄竖。

鼠　吉林所产之鼠，有银鼠、灰鼠、豹鼠、鼯鼠、鼪鼠、黄鼠、鼢鼠、松鼠等名。银鼠，毛皮洁白为诸鼠之冠，灰鼠即青鼠，灰白为上，灰黑次之。豹鼠即《尔雅》所谓豹纹鼠是也。郭注，鼠纹彩如豹。鼯鼠

状如小狐，肉翅，翅尾项胁，毛紫黑，脚短爪长，尾三尺许。鼯鼠一名
鼬鼠，又名黄鼠狼，又名骚鼠。其尾高丽人取之以作笔。黄鼠，《契丹志》：
刁约使契丹为北语诗云，密赐十貔狸。注：形如鼠而大，穴居，食谷粱，
肉味如豚而肥，今呼豆鼠，头似兔，尾有毛，黄黑色，性好在田间食豆谷。
《宁古塔纪略》：乌稽出黄鼠，食之最佳。如有鼢鼠即田鼠，形似鼠而大，
穿地以行。松鼠苍黑色，大尾，好食果蓏，小者不过三寸，通身豹文。

白鱼 《广雅》云"鲌鲦"。《玉篇》："白鱼。鲌，一作鯾鲌，又名鰅。"《说
文》："鰅，白鱼也。"细鳞白色，头尾俱昂，大者或长六七尺，松花江
产者最佳。

鲈鱼 巨口，细鳞，四腮，与松江鲈鱼鲜美无异，腹内子大如绿豆，
味亦绝佳。松江鲈鱼鲜美久播吟咏，松花江鲈鱼亦脍炙人口，时人谓之
侧鲈鱼。

鲟鳇鱼 俗名秦皇鱼，鲟鳇即鳣鳇之误，产盛京最多。巨口细睛，
鼻端有角，大者丈许，重可三百斤，辇以送京师，都人分脍之，目为珍
贵品。辽名色黑麻鱼，头大者须一车载之，嘉庆前此物甚贱，自京以此
骨为美品，鱼头遂不肯售，竞相晾晒，发卖而价亦特贵。

乌互路鱼、七里性鱼 二鱼皆逆海入混同江，黑斤、济勒弥人不知
岁月，皆以江蛾飞时为捕鱼之候，江面花蛾变白蛾时值五月，乌互路鱼
入江；青蛾初飞时值六月至七月上弦，七里性鱼入江。其至也三四联贯，
逆流而上，轰波喷浪，势甚汹汹。鱼日行可六七百里，黑斤人于江边水
深数尺多置木桩，横截江流，长或二三丈四五丈，亦有作方城，形虚一
面，无桩，名曰闷杠。平置水面，下系以代网，次日操小舟取之，每一
闷可得鱼数十斤。

达发哈鱼 宁古塔、三姓、珲春诸江河有之。秋八月自海逆入江，

驱之不去，充积甚厚，腹中子大如玉蜀黍，取鱼晒干，积之如粮。一作大发哈子，若梧桐色正红，瞰之鲜，皮色淡黄，日光映之若文锦，可为衣裳及履袜。又名达布哈鱼，牙最利，含小鱼，黑斤江面，小青蛾再飞时值七月下弦至八月晦，达发哈鱼逆海入混同江。

哲绿鱼、赭绿鱼　似鲈鱼，色黑，味美，不腥，出宁古塔。赭绿鱼，细鳞，鱼头尖，色白。

发禄鱼　似鳊花鱼而大，色黑，夏间最多，满洲人喜食之。

缩项鱼　即鳊鱼，缩项穿脊，扁身，细鳞，俗呼鳊花，一作鲂须。

重唇鱼　即鲨鮀，如鲫而狭，淡黄色，当张口吹沙，鱼长尺余，细鳞如粟，金光灿目，鳞背上黑点如豆，排列成行，鱼腹一线，中分脊翅，后多一软翅，嘴有重唇，是鱼之罕见者。

倒鳞鱼　出宁古塔，船厂城东龙潭山，鳞皆倒生，相传以为龙种。尼失哈站南山上有潭产小鱼，皆逆鳞，人不敢食。尼失哈者，满语小鱼也。

船钉鱼　长二三寸，大头阔口，黄色有斑，见人则以喙插泥中。

箭头鱼　头尖小如箭。

喇蛄鱼　蟹身鱼尾，泽畔石下有之。

黄花鱼　扁身弱骨，杂黄色，腹鳔可粘物，出东海。

黄锢鱼　似白鱼而头尾不昂，阔不逾寸，长不径尺，土人呼为黄骨子。

江獭　出混同诸江，形似狗而小，长尾，色青黑，亦有色白者。獭穴必预度水所不至，人以是为潦水之候，混同江尤多。

海狗　兽身，兽头，鱼尾，尾连两短足，毛有斑纹，油能澄水，肾入药，名膃肭脐，出宁古塔。《竹叶亭杂记》云："都城市中有戏海豹者，围以布幔，索钱入视其物实鱼而狗头，喙若虎，四足，类鳖，黑质黄斑若豹皮，长三尺余，其嘘如吼。与之食物，能以前两足据桶，出水而夺

驱之不去，充积甚厚，腹中子大如玉蜀黍，取鱼晒干，积之如粮。一作大发哈子，若梧桐色正红，瞰之鲜，皮色淡黄，日光映之若文锦，可为衣裳及履袜。又名达布哈鱼，牙最利，含小鱼，黑斤江面，小青蛾再飞时值七月下弦至八月晦，达发哈鱼逆海入混同江。

之，状甚狰狞。戏者谓海豹。

按:《山海经》北岳之山，诸怀之水出焉，其中多鮨鱼，鱼身而犬首。郝兰皋谓极似今海狗，岂即腽肭脐耶？"

海豹 出混同江等处，长三四尺，阔二尺许，短毛淡绿色，有黑点，可染黑作帽，丛居水涯，常以一豹护守，如雁奴之类，其皮可饰鞍褥。

海龙 大与海豹等，毛稍长，纯灰色，京师人每误指为江獭皮。

海驴 形似驴，常于秋月登岛产乳，皮制雨具而不能润，今亦罕见舶。古有得其皮者，毛长二寸许，晴则下垂，阴则彩，整整也。或以制卧褥，善人御之，竟夕安寝；不善人枕藉，魂乃数惊，岛夷诧其灵不敢蓄也。

海牛 形似牛，鼍脚鮎毛，其皮甚软，可供百用，脂可燃灯，宁古塔恒产，今亦不常有。

海猪 类江豚，生海中，形如豕，鼻在脑上，作声喷水直上，百数为群。其子如蠡，鱼子数万随母而行，人取子系岛中，其母自来就而取之。状大如百斤猪，色青黑如鲇，有两乳，有雌雄，其膏最多，和石灰船最良。有黄肥不可食。宁古塔、海参崴时有之。

哈什蟆 多伏岩中，似虾蟆而大腹，又名山哈。《塞上旧闻录》云，长白山之溪谷中产生哈什蟆，形似蛙，而遍体光滑，色淡黑，尻无窍，不辨雄雌，饮而不食，不能排泄，秋深木落，腹辄膨脝，累累僵死，新雨后，腹自生涎，雌雄粘和，虽力劈之不解，涎尽乃离，即为交尾期，但不孵卵，其遗种何由，卒莫能明也。剖之腹中满贮细粒之黑沙，有类炭屑，两肋有脂肪，质独莹白，用水漂浸，即浮涨，色愈洁白如凝脂，和以盐糖作羹。医者云，有润胃养阴之功，特自古方药不载，其名据土人云，是物吸饮长白山溪水，山多产参，性能补益人云。

蚌蛤 形长曰蚌，圆蛤，东省江河巨流出此，尤以牡丹江上游为多，狭而长，内孕明珠。往时宁安府城南有珍珠河最多，混同江及乌拉诸河亦有之。采珠者将蛤排立沙内，挨次取视，去肉取珠。然亦时有时不有，即有之，亦其小者，大而光圆不易得也。前清贡入内府，故乌拉总管署设有柜子珠，采之以进内。若农民于春夏间采之，为珠子柜所知，谓为私采，多方诈索，相以为戒。现在所售之珠大都在汤原县唐王河等处居多，珍珠河不易有焉。

山蚕 一名樗茧，放之樗柞等树，春秋收茧，练丝为绸。又有绿茧，多生山中杏条上，绿色坚韧。往时箭扣常用之。

白蜡虫 大如虮芒，种后则延缘树枝，食汁吐涎，黏于嫩茎，化为白脂，乃结成蜡。处暑后则剥取，谓之蜡渣。过白露则黏住难刮，其渣炼化滤净凝成块，即为蜡。宁古塔汉人能自为蜡烛，满洲近亦效之。

蜜蜂 出吉诸山，土人不知养蜜蜂，有采樵者采松子于枯树中，得蜂窝，其蜜无数，汉人教以煎熬之法，始有蜜。有白蜜、蜜脾、蜜尖、生蜂蜜。蜜蜂在诸山中采食参花，故吉林蜂蜜较他省为更佳云。

蛇 吴振臣《宁古塔纪略》云："余曾于六月中遇一蛇，长三四尺，以小刀断为三四截，顷刻即连，又断四五复接如旧，行更速，再断之，每断用木夹墙外掷之，有悬于树上者始不能连。后有识者云，此即续弦膏。弓弦断处以此膏续之，胶固异常，虽用之积久，他处断而接处不断，乃无价宝也。甚为惜之。"

菸 一名淡巴菰，即烟草。冬可御寒，东三省菸以吉林产为最佳。吉林城南一带名为南山，菸味浓而香。江东一带名为东山菸，香艳而醇，城北边台菸为次。宁古塔菸名台片，独汤头沟有地四五垧，所生菸叶只有一掌，味浓而厚。此南山、东山、台片汤头沟之所分也，通名黄菸。捆载入关者最夥，为土人衣食所资。

蘑菇 种类不一，生于榆者为榆蘑，生于榛者为榛蘑。而榆蘑生树窟中味尤美，即古所谓树鸡也。蘑菇有冻青、羊肚、蒿子、鸡腿、银盘、粉子、交鸟郎、狍子尾等名，菌属，巨木雨余所蒸含苞而毳，状若芝味，甘腻。狍子尾即猴头蘑菇，个莫大于猴头，味莫鲜于鸡腿。吉林省尤为产蘑之薮，生于倒枯松上。圆径一二尺而色白者为松花蘑，最不易获；紫色而散生者为松散蘑；斫伐椴树，俟三年后枯朽而生者为黄蘑，又名冬蘑；色深黄生桦木上而有刺者名刺蘑。春生者为对子蘑，秋生者为花脸蘑，特性寒，不宜多食耳。

参 吉林人参，前清时采禁甚严，由官设票房领票往采，无票则为私挖，有干例禁，故土人私挖者隐语曰挖棒棰。后改参税，此禁稍弛矣。参性热，往往产山深不见日光处。一苗高数寸，苗头平分数茎，每茎五叶，以六茎为最多，根亦最佳，间有一二茎，其根至美，是必原根，俗呼为芦头，以曾经受伤从旁侧生苗干者也。采参者名放山，每年放山三次，三四月为放草，因百草初生参芽甫苗也，五六月为放青参，苗成朵而尚青，八九月为放红，以参苗结子浅红易认也。参籽落后又曰刷帚头，采后下山曰辍棍，皆土人隐语也。采参者或数十人一群，一群之中有把头，能辨山脉，识参苗，其占候察验纯乎心得，入山中剥树皮为屋名窝棚。把头令其伙排列，各间一丈地，执一棍，名掌罗棍，以拨撩草挨步注视，见有参苗，则量参之大小，刈草成围，而后挖，用骨簪拨辨草根，恐妨参之根须也。挖出后裹以松皮，名曰棒棰桶，背负下山。参以野茎为最佳，次则移山参。移山者见山中参苗移置他处而灌溉也。再则有种参，种参但莳其子，其法预将参籽窖一年，再择一土性相宜之地，搅之须细缦，撒畦中覆之土灰，出苗后三四年又复移植一畦，排陇插莳用七尺五寸之高板棚覆其上，春秋二季揭板曝三五次，当阴雨连绵亦放两三次，经三四年始采收制造，名曰做货。做时先将参用沸水煮半熟，以小毛刷将其浮皮洗净，用白绫小弓将参纹中尘土剔尽，后用冰糖熬清汁浸参一二日，上火盘烤干，亦有不煮不浸而生刷蒸者，名曰丽参，即假高丽参之粗制法。大抵移山参，其佳者与野参同功，种参则不及，同属一物低昂远判。审其贵贱，但辨其根有多节质之坚致而已。吉林出口参，据营口税关云，每年统计贵贱平均约值出二十五万余斤，价值三十四五万余金焉。

松花石 出混同江边砥石山，玉色净绿，光润细腻，可充砚材，品埒端歙，滑不拒墨，涩不滞笔，能使松烟浮艳，毫颖增辉。清高宗有松花石砚铭曰：出天汉胜玉英，琢为砚纯粹精，敕几摛藻屡省成。又松花玉宁古塔山有之，今俱不能得。

舆地杂志

吉林省城，名曰船厂。据史云，顺治十八年命昂邦章京萨儿吴代造船于此，以备征罗刹之用。《柳边纪略》载："万季野以为即明永乐间船厂"，当有所据而云然也。又云："闻陈敬尹曰：'吾初至小乌喇，尚无造厂之命，而穿井辄得败船板及锈铁钉，'"故今之土人尚称船厂，不称吉林，知其称名由来久也。

宁古塔之名，不知始自何时。《柳边纪略》云："宁古者，汉言六。塔者，汉言个。相传有老者生六子，遂以名其地。"

三姓为满清远祖所居之地，为渥集部之一所居，在牡丹松花两江岸，其部有三，曰诺雷一作闹雷，曰克宜克勒一作革衣克勒，曰祜什哈哩一作祜什喀哩，所谓三喀喇是也。满语呼三姓为依兰喀喇。依兰，数之三也，喀喇姓也，今之依兰县盖截取上二音。《罗刹外史》：东方有四子部，其一为爱新觉罗部，即满清本部，译汉文曰赵姓，一为喀叱克勒部，译汉文曰葛姓，其余二部未审何名，但记译汉文曰苏姓、卢姓，想即诺雷、祜什喀哩二部也。

关外边隘，往时插柳结绳以定内外，故谓之柳条边。吉省边门有四，曰巴彦鄂佛罗边门，曰伊通边门，曰赫尔苏边门，曰布尔图库边门。巴彦鄂佛罗边门旧名法特哈，以山得名，省正北一百八十里，为伯都讷、黑龙江往来孔道，东北以额塞哩河为界，边外皆蒙古科尔沁等部。伊通边门即易屯边门，亦称一统门，省西北一百八十里。赫尔苏边门即克勒苏门，以河得名，省西北四百六十七里。布尔图库边门旧名布尔图库苏巴尔汉，又名半拉山门。苏巴尔汉，满语塔也。以门之东南塔山为名，门外蒙古界，省西北五百六十八里。自巴彦鄂佛罗边门至布尔图库西威远堡边门，围长六百二十二里，边栅高四尺五寸，边濠阔深各一丈。吉林城东之龙潭山，亦曰尼什哈山，山上有潭曰龙潭，周五十余步，水色深碧，积雨不溢，久旱不减，周围丛树沉阴遮幂，人莫能测其深浅，闻有人以绳系石投之数十丈，未得其底。潭之西南有二石穴，外狭内阔，伏而入仅可容身，其洞深黑，有风飕飔，无敢深入者。潭之东南林内有桦木一株，高九丈余，圈二尺上下，标直枝叶蔚齐，清高宗东巡封为神树，岁时将军巡抚往祭之。光绪末年，其树忽萎，又以近旁之小树指为袭承之，乃清祚已移祀典遂废，而小树亦就枯萎，土人遂讶其树能与国休戚，愚哉。

窝集亦曰渥集，一曰乌稽，又曰阿机。吉林有四十八窝集，分为长白山、小白山两系，大抵在林木杂丛，夏多哈汤，人马难行之处，树密为窝，可以居集，皆称窝集，故自长白山及松花江沿岸以及三姓、宁古塔等处，号为窝集部。往时因人迹稀少，采伐甚鲜，森林茂密，蓊茏弥满，自俄人东清铁路成后，松花江轮舶行驶，俄遂组成伐木公司，所供燃料取给于我，剪伐既多，童山濯濯，不独向之所谓窝集者不复能见，将来取用既竭，仰求于人，异时受困悔之已晚，不可不预为筹也。按：哈汤即指林中有水而言也。

五国城辨

五国城，据《辽史·营卫部族志》，系五国部，曰剖阿里国《满洲源流考》今译改博和哩，盆奴里国今译改博诺，奥里米国今译改鄂罗木，越里笃国今译改伊埒图，越里吉国今译改伊勒希。《辽史·地理志·五国部》：圣宗时来附，命居本土以镇东北境，属黄龙府都部署司。五国城当别为五部，断非一地也。高士奇《扈从录》谓，在羌突哩噶尚。杨宾《柳边纪略》谓，在三万卫北一千里，自此而东分为五国，或云在朝鲜北境，或云在伯都讷城，强为解说，莫能折衷。曹廷杰《东三省舆地图说·五国城考》，以为在三姓下，自混同江至乌苏里两岸之九古城，并指希尔哈城为金徙徽、钦二帝之五国城。盖就史称，自韩州徙来道里计之，约略当在此处，并无确凿证据也。

按：五国城，当在宁古塔上下数百里，三姓亦五国城之一，不当在混同、乌苏里江岸也。《北盟会编》：五国之东接大海，出海东青，女真发甲马千余人入五国界，接东海巢穴，取之与五国战斗而后得。是又明明以五国城濒海并非在混同、乌苏里江岸也。又《金史·本纪》：景祖时，五国博诺部节度使叛辽，鹰路不通，景祖袭禽之。辽咸雍八年，五国穆廷部舍音贝勒叛辽，鹰路不通，景祖伐之，舍音败走，是时渤海尚属辽金，乘五国各部叛辽袭而取之，即为灭辽张本，故女真往五国取鹰与辽有关系也。至五国城之当在宁古塔上下，尚有历史地理可证者，《宋史》：建炎二年，金徙二帝于韩州，四年金将立刘豫乃徙二帝于五国城，去上京东北千里，今沙兰河站驿旁有二圣墓，沙兰河南岸有古城，则二帝所徙之五国城当即在此。所云去上京东北千里，按之地道亦适相合，况徽、钦自徙鹘里改路之后未闻再徙。鹘里改路即呼里改路，则以沙兰河旁之古城为徙二帝之五国城，确无疑义。《元一统志》：开元路，南镇长白之山，北浸鲸川之海，三京故国，五国旧城，东北一都会也。所云三京，当在东京，张贲《东京记》：宁公台西南六十里曰沙岭，岭东十余里有古城焉，土人相传为东京五国城，当即此也。又《辽史》：东京辽州始平军拂捏国部即今宁古塔西南八十里古城，俗称东京城，拂涅、博诺声音相类，其地接长白山之北，跨海之南，或即博诺故城欤。《辽史》：五国城隶黄龙府都部署司，金则改隶瑚尔哈路。《金史·地理志》：瑚尔哈路西至上京六百三十里。

　　按：《盛京通志》《满洲源流考》：瑚尔哈河南岸有火茸城，俗名古大城，宫殿旧址犹存，金为呼尔哈路，亦统于上京，当亦五国城之一也。前清《圣武记》：三姓城在宁古塔东北，五国头城在焉。宁古塔东三百里有依兰哈喇土城，即五国城故址，是三姓为五国城之一。所云五国头城者，盖由金上京往宁古塔，以三姓当其先路，故曰五国头城，至依兰哈喇城，今虽无地址可考，而其为五国城无疑也。又陶宗仪《辍耕录》：高丽以北名别十八里，译言连五城也，《元史译文证补》云，回语五为别十，城为八里，故又谓五国城在朝鲜北境。以今考之，珲春县北六十里为明之密拉卫，俗名密江，今属珲春德化乡，有古城一，又珲春北俗名阴阳坎距离十二里之半拉城，红溪河南十五里之小城子，又河南二十里之碾子山前，又东六道沟营城子各有古城，计珲春左右二百里间，有古城五，土人均呼为高丽遗迹，今所谓五国城，或即指此，然其地去辽太远，按之前史均不符合。又《啸亭杂录》谓，五国城古称五国头城，以地据五国总路之首得名，设节度领之，属黄龙府遗址，今在何所，无可考，乾隆中副都统绰克筑伯都讷城，掘得檀匣宋徽宗所画鹰轴，又古瓷数十件，并得碑碣，录宋徽宗晚年日记云，天会十三年寄迹于此，业经数载，始知五国城即此地，是以伯都讷为五国头城，不知当日徽宗迁徙不止一处，不得以遗迹所在即为五国城也。

谪戍人物考

　　关东流放罪臣不自清廷始也，明代永乐以后文臣武将迁谪于此实多。天顺复辟，尚书王直故有使我在阁，今当不免辽阳之行之语，但见于《明史》，悉以铁岭卫为戍所，初无旁及者。至清康熙二十二年划平吴三桂，所有罪人悉戍于开原之尚阳堡满语称其地为尼台堪，尼台堪汉人之谓也。盖亦踵明代旧例耳。至后又有罗刹之乱，遍设军台，凡遣戍人俱称台丁，给田耕种，今所谓站地是也。乾隆初谓汉人放逐既多，恐满人染习，下诏禁止，惟遣发黑龙江给披甲人索伦、赫哲人为奴，终未改耳。

吴兆骞，字汉槎，江苏吴江人，幼慧，傲放自矜，在塾中见同辈所脱帽辄取溺之，塾师责问，兆骞曰：居俗人头何如盛溺。师叹曰：他日必以高名贾祸。顺治三年举乡试，主试官杭州钱开宗、严州方猷，因通关节，物议沸腾，达于京师，清帝震怒，敕礼部严加复试，黜落举人三十余名，主考房官二十二人刑于市，兆骞因不肯就复试，为言官所劾，谪戍宁古塔二十三年，以故人顾贞观百方营救，始得赦归。先是明珠当国，其子成德，夙知汉槎之才，而与顾贞观善，贞观为汉槎求援于成德，成德许之，期以十年，顾为泫然曰人寿几何，因谱《金缕曲》二阕寄吴，盖伤其遇之不终，而思所以慰藉之也。成德见之泣下，曰山阳思旧之作，都尉河梁之什，并此而三矣，不玉成此事非人也，遂力言于内，纳赎始放归。兆骞著有《秋笳集》，子桭臣，生戍所，学问淹贯，著有《宁古塔纪略》。与兆骞同时谪戍此地计有七人，故当时号称七谪会。七谪者，张缙彦，字公垍，兆骞目为河朔英灵，有江左风味。江宁姚琢之，诗如春林翡翠，时炫采色。湖州钱虞仲、方叔、丹季兄弟三人。震泽钱威，字德维，亦是科举人，与兆骞同谪者，议论雄辩，诗格苍老。山阴杨友声，铁面虬髯，诗甚清丽。此外又有海陵陈编修志纪，字雁群，康熙间上书论督抚大吏贪污，又劝上用威刑忤圣意，遣戍宁古塔，与兆骞情致殊深，唱酬亦富，而从学者闽人陈光启字昭令，秀而好学，兆骞谓北州少年此为之冠。以上诸人，或赐还旧归国，或永葬冰天，载籍无征，知泯殁者多矣。

附录顾贞观《金缕曲》词二阕

季子平安否，便归来生平万事，那堪回首。行路悠悠谁慰藉，母老家贫子幼，记不起从前杯酒。魑魅捉人应见惯，料输他覆雨翻云手。冰与雪，周旋久。泪痕莫滴牛衣透。数天涯团圞骨肉，几家能彀，比视红颜多薄命，更不如今还有，只绝塞苦寒难受。廿载包胥承一诺，盼乌头马角终相救，置此札，怀君袖。

我亦飘零久，十年来深恩负尽，死生师友。夙昔齐名非忝窃，试看杜陵穷瘦，曾不减夜郎僝愁。薄命长辞知己，别问人生到此凄凉否？千万恨，为兄剖。兄生辛未我丁丑，共些时冰霜摧折，早衰蒲柳。词赋从今须少作，留取心魂相守，但顾得河清人寿。归日急翻行戍稿，把空名料理传身后。言不尽，观顿首。

杨越，字友声，浙江山阴人，明诸生。明社既屋，散资结客，将有所为，未果也。其友以起兵下狱，密书乞援，逻者获焉，逮戍宁古塔。既至戍所，于其乡人教以诵书作字暨礼让之节，所在化之。至同遣者生养死葬婚嫁皆助所不给，皆曰杨夫子来晚云。卒于戍，故事，死谪戍者不得还葬。子宾衰服跪刑部、兵部门，号泣陈诉，越四百五十有五日怆动行路，当事者为求比，例遂得请，宾乃扶柩奉母范归。临行时宁古塔人设祭，相属于道，有持宾号泣如送亲焉。宾著有《柳边纪略》。

浙人戚祥麟，清翰林侍读学士，精数学，能占晴雨，不渝晷刻，以事遣戍宁古塔。尝语人曰："吾不能逆睹免祸，亦数也，然某年当归。"已，果赐还。

叶之馨，四川巴县人，云南大理府理刑，居官有善政，耻服满制衣冠，尝以剃发为恨，闻吴三桂起兵，只身往从之，领一军攻蜀，三桂败，遣戍宁古塔。

清康熙中，满洲科臣图尔泰，叶赫巨族也，与明珠同族，不善所为，尝劾奏满臣权重，汉人之官六部九卿奉行文书而已，满人謦欬无敢违者，殊非立政之体，以忤权臣，谪尚阳堡。尚理学于戍所，自置周程张朱四先生祠，朝夕礼拜，人笑之亦不顾也。若而人者，殆亦满族之铁中铮铮，庸中佼佼者已。

李光远，蓬莱人，清初为饶阳令，后以明崇祯三太子定王案株连遣戍伯都讷。初光远家居时，定王教读山左张岱霖家，冒浙籍，更姓张，号潜斋，光远见其丰标秀整，言论儒雅，时以文字相往来，订为莫逆交，不知其为明定王也。后光远宰饶阳，定王过饶邑，越宿而去。又十余年，光远解任归，定王携眷往依之，遂馆于其家，为课孙焉。越二年，因贼党诬称扶定王光复明祚，为侦者所知，同被逮，定王弃市，光远流徙三千里，发配伯都讷。此案牵连余人同时发配宁古城、齐齐哈尔城。

按：定王名兹焕，崇祯第三子，近人魏声和著《鸡林旧闻录》载有李光远撰张先生传，即定王也。传中述此案本末最详。

吴郡金喟，字圣叹，少有才名，性放诞，出词罔忌，初补博士弟子员，以岁试文怪诞被黜。明年科试易名人瑞，文宗某拔置第一，仍复儒冠。尝谓世有才子书六，盖《离骚》《庄子》《史记》《杜诗》及施氏《水浒传》、王实甫《西厢记》，遍加评语，批论透辟，识见精到，谓为金批，盛行吴下。顺治庚子哭庙案金与焉。闻是狱之兴，为知吴县事山西任某，以非刑预征课税，生员薛尔张等因民忿鸣钟击鼓入文庙哭泣，诸生不期而至者百余人，时适清顺治帝哀诏至苏设幕府堂，巡抚率官绅哭临，诸生旋造府堂进揭帖，而继至及观者复有千人，群声雷动，詈逐任令，抚臣大骇，命执之，即获诸生倪用宾等十一人，余皆星散。旋有教授程邑参任令六款，而金人瑞十弗见之讪，又阴指抚臣。抚院朱素性刻忌，必欲杀金等而后快，遂以恃符抗纳，任令比追，遽遭怨谤，致当哀诏初临，日集众千百，上惊先帝之灵，但邑令命官民称父母，该生等擅敢于哭临之际，声言扛打，似此目无法纪，深恐摇动人心等语，密疏具奏。既上，发钦差大臣赴江宁公审。狱成，奏复倪用宾等于遗诏方到，鸣钟击鼓，纠党千人，倡乱讦告，拟不分首从斩决，妻子、财产入官。于是同时死者一十八人，为倪用宾、沈玠、顾伟业、张韩来、献祺、丁观生、朱时若、朱章培、周江、姚刚、徐玠、叶琐、薛尔张、丁子伟、金人瑞、王仲儒、唐尧治、冯郅也。呜呼！官吏之淫威，文网之严密，文人苟非韬晦自全，鲜有不遭杀身之惨祸者，况放诞不羁如圣叹哉。当人瑞在狱时，付书于妻曰："杀头至痛也，籍没至惨也，而圣叹以无意得之不亦异乎！"故其临难时口诵一绝云："天公丧母地丁忧，万里江山尽白头，时方大雪。明日太阳来作吊，家家檐下泪珠流"。其狂诞至死不易也。闻圣叹被难之先，谓乩仙问终身事，判云断牛。不解其故，及难发后其子流窜至宁古塔，见屋后有一断碣只存一牛字，始悟乩仙断牛之谶云。圣叹子孙遂流落宁古塔，今宁安县东北二十余里有金家窝棚金姓数家，皆圣叹裔也。

汪景祺，钱塘人，在年羹尧幕中，作《读书堂西征随笔》。其所作诗甚多，指斥时事，又讥议清祖谥法、雍正年号，又作《功臣不可为论》，以檀道济、肃懿比年羹尧，坐大逆不道斩枭，妻子发黑龙江为奴，期亲兄弟叔侄发宁古塔为奴。

石门吕留良，字晚村，荐博学鸿词科不就，著有《四书讲义语录》《语类》《日记》诸说篇，皆于经义之中寄种族之痛，以唤起民人亡国之愤。惜其著作在清雍正朝全书焚，无从考证。文字之狱由于湖南曾静家居愤郁，遣其徒张熙诡名投书于岳钟琪，劝以同谋举义事，未成，狱兴，词连留良，世宗严治之，并将留良所著日记等书追出，遂兴大狱，株连甚多。

时留良已死，其子吕葆中因一念和尚谋叛案，亦以忧惧先死，遂戮吕留良及其子吕葆中尸，次子吕毅中斩决，孙发配齐齐哈尔。于是汉人之义愤大起，甘凤池辈日从事于暗杀，留良之孙女精剑术为祖父复仇，相传世宗之死即为其所刺杀云。

严鸿逵，亦与留良同党，著有日记，内载怪风震雷，肆抵清朝。因留良株连亦戮尸，其孙发宁古塔，给与披甲人为奴。又据《宁古塔纪略》谓，妇人跣足露胫敲冰出汲，担头号哭，皆中原贵族发配此地者，惜当日未能详载姓氏，盖康熙雍正时宁古塔流人最多，今已不可考矣。

金石考

吉林金石，自金时始有之，迄今所发见者，大半属阿勒楚喀一带地方为多。盖阿勒楚喀城为金上京会宁府故址也。今尚有朝门宫殿遗址，荒台废苑旧础犹存，土人掘地往往得金代遗物及古印、宋钱之类。盖女真入我中原渐知文化，振兴学校，崇尚儒风，于是润色鸿业，纪述丰功，泐之于石，以期夸耀后世。今石刻之仅存者，以得胜陀碑、完颜希尹碑、□同三司代国公六碣，虽经风霜剥蚀，字渐模糊，剔藓剜苔，尚有可证，余则尽归渐灭，考古者无从搜辑耳。至永宁寺两碑，今已沦入异域。此外恐尚有古剑、泉刀、残碑、断碣沉埋于荆榛蔓草中者，不知凡几。兹就所已出土者，以文烦不能备载，录存其目，以俟访古者得所资考焉。

合重浑谋克印

《柳边纪略》云，康熙丙寅年，沙尔虎旧城掘一铜章，传送礼部，大若州印，面篆"合重浑谋克印"六字，背左一行楷书如回文，右一行刻"大同二年少府监造"八字。

按：大同，辽世宗年号，而谋克则世传金爵也。今观斯印，则金未建国号为辽属国时已有斯爵，而后特广之耳。

上京东京等路安抚司印

烟集冈开垦时，农人耕地得此印。

按：《金·百官志》，承安三年以上京、东京等提刑司并为一提刑使兼宣抚使，复改宣抚为安抚司，掌抚人民，讥察边防军旅，审录重刑，仍专管明安穆昆金制兵队之首领曰总管，其下有明安，有穆昆，有章京。教习武艺，及令本土纯原风俗不改。安抚使副内差一员于咸平，一员于上京分司，四年罢，咸平分司使在上京，副在东京，使正三品，副正四品，志称三品，印方一寸五分半。今印得建初尺三寸强，得今工匠尺二寸一分强，是金官尺长于今尺四寸余矣。

弹压所印

印在今宾县城庙内，背镌"兴定二年"。

按：《金·百官志》无此名，惟提举仓场司注载，兴定五年创置潼关仓监支纳一员兼枢密院弹压。是弹压所盖属枢密，或偶置旋罢，故志不载。印仿建初尺三寸弱，以安抚司印度之，盖四品官也。

宝山卫指挥使司之印

会城东北小城，土人耕地得此印，背镌"永乐六年"，文篆作九叠。《明史·志》云，三品，铜印方二寸七分，今置得建初尺三寸九分弱，今工匠尺二寸七分强。

总统府印幕

据近人魏声和《塞上旧闻录》：民国元年东宁厅垦民锄地，得铜印一，方二寸，高七分，篆文曰"总统府印幕"，旁有"贞祐二年造"五字。铜质锈蚀，笔画尚整，现存厅署中。

按：贞祐，金章宗年号，是年金于上京诸路郡县颇多建置，如升咸平路之玉山县为节度亦在是年。今东宁厅，金率宾路也。

《柳边纪略》载，福建陈昭令于沙兰北掘一镜，长四分，阔二寸五分，四角皆委，上凸下凹，皆有纽，在其端有篆文曰，俗孫角，旁像二龙，而各加剑于首，一像水波纹。又《宁古塔纪略》：宁古塔有人掘一镜，背铸铭两行，左一行不可辨，右一行曰"不剑而镜"。又宣统二年，延吉府二道沟口西古城里土人掘得万户侯铜方印一颗，为延厅教谕温迎宸携去。又有人掘得铜方印一颗，篆曰"副统所印"，上面镌"贞祐十一年礼部造"八字，想是总统府属之副统为后时所添置也，并记于此。

金得胜陀碑

在伯都讷北石碑岭，其地为金太祖誓师之地。当金攻辽时，太祖先次寥晦城，诸路军皆会于拉林水，进宁江州。十月朔，克其城，明年收国元年，克黄龙府，遂平渤海、辽阳等五十四州。此碑盖大定五年追述太祖会军于拉林水时誓师之事。碑为赵可撰文，孙侯书丹、党怀英篆额，高七尺余，宽三尺二寸，正面三十行，最长一行七十八字，正书额题大金得胜陀头碑六字，篆碑阴十二行，女真字不可辨识。考《完颜希尹传》：太祖命撰本国字，天辅三年颁行，后熙宗亦制女真字。希尹所撰为之大字，熙宗所撰谓之小字。检《金石萃编》载，金皇弟都统君行记每字以两三字合成，如琴谱之顋豤字盖女真大字也。此碑与《萃编》所载国书碑同，盖女真小字也。

按：女真书与清书蒙文均不类，清书蒙文皆取元国师拔思巴所制四十九字母，女真则点窜汉文而成字也。

金完颜娄室碑

据云在薄屯山，地名石碑泡。碑高八尺八寸，阔四尺五寸，厚一尺二寸，顶高三尺，正书。南面镂蛟龙，其阴残毁，其阳篆二十字，作五行，文曰"大金开府仪同三司金源郡壮义王完颜公神道碑"。王彦潜撰文，任询书，左光庆篆额。

按：薄屯山今为伊通州境，碑已佚，今从《柳边纪略》录其文，是康熙中尚在也。《满洲源流考》引已不全，则其逸当在乾隆时；今已无可考矣。

金完颜希尹碑

在吉林府东北二百里小城子。正面二十七行，碑阴二十四行，行五十六字，正书额题"大金尚书左丞相金源郡贞宪王完颜神道碑"，篆书。王彦潜撰文，任询书，左光庆篆额。据吉林将军长顺记云，吉林有事通志，甄及金石，杨司马同桂物色得此碑，已中断矣，拓以视余，漫灭十二三，顾其事有史传未及者，史言熙宗以诏赐死，碑述所由则言尝以礼裁抑后，大忤后旨，其死后谮之。按原碑文中云：自悼后正位中宫，以巧慧当帝意，颇干预外政，王杜过其渐，每以正理口□由是大忤后旨。得罪暧昧，或者以为后之谮焉。夫彼妇之口，可以出走也，圣人且歌焉，何有于希尹也哉。而世谓金石可补史阙，以此抑今，去碑所自立八百年有奇耳，漫灭若是，则以貌石质沙易泐，又考古所宜知也。以古迹之不可听其湮也，命锻人钳而立焉，因题以识云云。

按：此碑与娄室碑同时立，故撰书篆额人皆同，今娄室碑已逸，此碑独以晚出得传，亦其幸也。史称任询书，为当时第一，元好问评任南麓如老法断狱、网密文俊，未免严而少恩，此碑纯法平原，庄肃气象，尤能令人目悚。南麓，询别字也。光庆，史言其善篆隶，尤工大字，世宗郊祀受尊号及受命宝皆光庆篆，凡宫庙榜署经光庆书者，人称其有法。此额篆体遒劲具有古法，知史言不为虚也。

完颜希尹墓碑处另有六碣：

□同三司代国公之□

太子少傅之墓

奴哥马郎君之墓

畏合裴羊古之墓

悟莘明威之墓

阿尹太夫人之墓

按：六碣均在完颜希尹墓碑左右十余里，每碣之右，书大定十年岁次庚寅十一月丁丑朔初八日甲申谨记。首作圭形，面刻云水纹，代国公四碣高一尺七寸，马郎君、裴羊古二碣高一尺五寸，广八寸，字大二寸许，作徐浩体。以地与史证之，代国即欢都太子，少传则欢都次子希尹弟谋演也，欢都传子谋演。当阿注阿之难，从欢都代为质，后与宗峻俱侍太祖，宗峻坐谋演上，上怒，命坐其下。勃堇老勃论、拔合汝、辖拔速三人争千户，上曰：汝辈能如欢都父子有劳于国者乎，乃命谋演为千户。天辅五年卒。天会十五年赠太子少傅。余四碣盖亦欢都之族合葬于是。大定十年始补立墓碣耳。考《金史·语解》，畏合即威赫牙也，裴羊古即费扬古季子，明威将军见《百官志》，盖武散官阶之正五品也。

道士曹道清碑

在宾县境，《吉林通志》仅录其文。碑其泉安四年夏五月初五日太虚崇道邑纠首提点郭颜温等立石，尺寸行款均未详，惟铭文，其铭曰改作其录曰，实为金石遗文所仅见，可以知当时文字之陋。纠字字书所无，《辽史·百官志》有十二纠军，军名，辖者管束之义。《金·百官志》，诸纠详稳一员，掌守御边堡。《语解》诸纠边戍之官。提点，盖经理庙宇者，如宋时宫观有提举、提点是也。

阿什哈达摩崖

在吉林城东十二里江边，字四行，多刓缺。首行书奉天遣兴孔兵马阵前将军辽东郡同都指挥使刘书，第二行丁未十八年领军至此，第三行洪熙元年领军至此，第四行□□七年领军至此。按辽东设郡如于燕秦都指挥使司之设，始于明洪武八年，此明官而仍题辽东郡，盖文士以古名施于今地之陋习耳。又考洪武以后，洪熙以前，两遇十八年，皆非丁未。丁未二年疑为永乐之剥文。考《明史》洪武二十六年辽东都指挥使司奏朝鲜招引女真五百余人欲入寇，盖洪武、永乐间尝用兵女真，故领军得以至此也。

敕修努儿干永宁碑记

在松花江下游特林地方，碑二十七行，行六十二字，正书。按：是碑无年月，碑中有永□九年春遣内官亦失哈等，知是永乐年立，字迹剥落，仅存十分之二，余俱无可辨，惟后衔名自十八行至二十七行尚可认识，今入俄罗斯阿穆尔省境。

重建永宁寺碑

亦在特林地方，记文二十行，四十三字，正书。后衔十行可辨者，三行余俱泐。明宣德九年立，碑阴有蒙古字不可识，碑侧惟唵嘛呢叭咪吽六字汉文可识，余皆蒙古字不可辨。按此二碑，一立于永乐中，一立于宣德八年，皆纪太监亦失哈征服奴儿干及东海苦夷事。考奴儿干之地，始见于《元史·地理志》有俊禽曰海东青，由海外飞来至奴儿干。《明一统志》云，女真北至奴儿干北海，正在今混同江两岸，为费雅喀、奇勒尔各部所居。《明会典》：永乐二年女真野人来朝，其后悉境归附，九年始设奴儿干都司。《柳边纪略》载《威伊克阿林碑》言，威伊克极东北大山也，上无树木惟生青苔，厚长三四寸。康熙庚午与阿罗斯分界，镶蓝旗固山阿真巴海等，分三道往视，一从亨乌拉入，一从格林必拉入，一从北海绕入，所见皆同，遂立碑于山上，碑刊满洲、阿罗斯、喀尔喀文。《曹廷杰日记》谓，《纪略》所言碑刻三体字，今此碑实六体字，是否即杨宾所谓《威伊克阿林碑》未能臆断，然以所载三道路往视之道计之，则道里相合，盖威伊克阿林在混同江南岸奇吉泊下，今其地名特林，即威伊克阿林之合音，岂分界时即以三体字文刻于明人旧碑之上耶？查此碑载亦失哈征服奴儿干，《明史》无可考。《明史·百官志》及《宦官传》太监郑和尝率兵二万行赏西洋、古里、满剌加诸国，西域则使李达，迤北则使海童，而西番则率使侯显。亦失哈亦以太监前后三至绝域，勒碑而还，纪传皆无一语及之，非此碑仅存，则明代用兵之事竟无可考，金石可以补史家之阙，此也。前碑碑阴皆蒙古字，无异体文，后题名有书蒙古字阿鲁不花一人，是此一体字为当时所书无疑。杨宾即以为三体界碑，其说无所稽。考曹廷杰当日亲见此碑，并有拓本，以为六体书，并非无据。至于分界之说不无疑义。康熙年并无与俄立碑之事，况当日与俄分界在阿尔古纳河，自此以东、东北及海以外库叶尔岛皆吉林属地，特林在海以内地，岂有分界立碑，即内蹙百里地，殊令大惑不解也。

阿勒楚喀城，为金上京故址，往年土人掘地得断碑，作八分书，中有云：西眺辟雍儒生盛於东观。又张贲《东京记》：宁古塔西南有古城名火葺城，土人相传曰东京，盖金故都也欤。

《吉林汇征》李国筠识语

箕尾星明大漠秋，

羡君长揖客边州。

平生广武英雄叹，

一掌恒沙世界收。

地志丛残成绝学，

版图揽取借前筹。

何时共尽飞腾志，

倚塞论兵看剑钩。

迦园社兄不见逾十年矣，昨晤于京师，出所辑《吉林汇征》见示，披读既竟，为题长句以志倾佩。

中华民国六年二月李国筠识

图书在版编目（CIP）数据

　　吉林纪略. 二, 吉林汇征 / 郭熙楞著 ; 杨立新整理
. -- 长春 : 吉林文史出版社, 2021.1
　　（长白文库）
　　ISBN 978-7-5472-7575-7

　　Ⅰ. ①吉… Ⅱ. ①郭… ②杨… Ⅲ. ①地理—吉林
Ⅳ. ①K293.4

中国版本图书馆CIP数据核字(2020)第254629号

吉 林 纪 略 · 二　　吉 林 汇 征
JILIN JILÜE ER JILIN HUIZHENG

出 品 人 : 张　强
著　　者 : 郭熙楞
整　　理 : 杨立新
丛书主编 : 郑　毅
本版校注 : 赵太和
责任编辑 : 程　明　高丹丹
装帧设计 : 尤　蕾
出版发行 : 吉林文史出版社有限责任公司
电　　话 : 0431-81629369
地　　址 : 长春市福祉大路出版集团A座
邮　　编 : 130117
网　　址 : www.jlws.com.cn
印　　刷 : 吉林省优视印务有限公司
开　　本 : 170mm×240mm　1/16
印　　张 : 9.5
字　　数 : 110千字
版　　次 : 2021年1月第1版　2021年1月第1次印刷
书　　号 : ISBN 978-7-5472-7575-7
定　　价 : 88.00元